社會階層化與社會流動

許 嘉 猷 著

學歷：美國印第安那大學社會學博士
現職：中央研究院美國文化研究所副研究員
　　　臺灣大學社會系副教授

三 民 書 局 印 行

行政院新聞局登記證局版臺業字第○二○○號

版權所有　翻印必究

© 社會階層化與社會流動

中華民國七十五年五月初版

基本定價　陸　元

作　者　許嘉猷
發行人　劉振強
出版者　三民書局股份有限公司
印刷所　三民書局股份有限公司
臺北市重慶南路一段六十一號
郵撥：○○○九九八一─五號

三民現代社會學叢書序

　　自1903年嚴復出版史本塞的「羣學肆言」以來，社會學在我國也有七十年的歷史了。七十年不是一個短時間，照理，我們應該早就建立了具有本土色彩的理論和方法，不必仍然高度仰賴西方的研究模式。可是，實際並不如此，一直到今天，我們不僅在理論和方法上依靠西方（尤以美國爲最），即使在教科書方面，也以美國爲主要來源。這種情形，對於國家的學術獨立發展來說，相當不利。不利至少牽涉到兩方面：一方面是，我們的許多研究淪爲驗證美國社會學理論的結果，毫無創意，即使有些新的發現，也不過是多一點異文化的註解；另方面是，一般中國學生直接從英文教科書學習，總有隔靴搔癢的感覺，不僅語文能力有困難，進度慢，而且由於思想方式的不同，難以獲得啟發性效果。

　　爲了這樣的緣故，也爲了教學和研究，我們希望能夠逐漸擺脫西方學術上一些不必要的羈絆，建立自己獨立的教學與研究環境。我們認爲，這當然不是說做就可以做到，但總得有個起點，然後一步一步的做下去。也許第一步就是先編一批互相有關聯的教科書，讓讀者可以直接從這裏獲得有關的社會學知識，並且可以做些有系統的思考。這樣做也許並不能完全擺脫西方社會學的傳統，但是希望至少可以做到兩點：一是建立一種從社會學觀點了解本社會所需要的架構，不必

但事模仿;二是儘量使用研究本社會所得資料爲例證,以解釋現象。我們相信,這樣的處理和編輯社會學中文教科書、參考書、研究專書越多,對於中國社會學的發展將越爲有利。

這並不是說,我們要排斥外國學術,關起門來談社會學;相反,我們不僅要繼續吸收來自國外的新知識,還必須加強介紹和學習,無論是古典的、現代的,或美國的、歐洲的,因爲只有在接受、轉化、創造的過程下,才能產生屬於自己文化特色的社會學,也才能進一步發展爲世界性的社會學,一如今天美國的學術市場。

話雖如此,事實上目前臺灣的社會學界還面臨許多不易克服的困難。第一是教師的課業過重,準備功課的時間過多,教課之餘,往往抽不出時間做研究或撰寫教科書;第二是社會學者於教課之外,還得做一些社會學的推廣工作,如寫雜文、演講、或參加座談會之類,佔去不少時間;第三是相同主題學術人數太少,不僅無法相互問難或批判,連交換意見的機會都沒有,自然就影響某一部門的發展;第四是不易安排較爲深入的學術研討會,提出較具創見的學術論文,以爲進一步發展的依據,一般論文多流於陳述資料或驗證假設而已。諸如此類的問題,使社會學界表現一種無力感,何況由於待遇太低,有時還不得不兼顧生計。

這次能夠有計畫的出版這套叢書,一方面固然要感謝三民書局董事長劉振強先生的鼎力支持,另方面更感謝社會學界諸位先生的排除萬難,慨允相助。否則,還不知要拖到什麼時候才有可能出版這樣一套較有系統的中文社會學教科書。

「三民現代社會學叢書」目前並沒有訂定嚴格的編輯方針,大抵遵循兩個方向:第一步是出版社會學主要範圍內的教科書,以便於教學上的使用或課程上的發展;第二步是出版社會學的專門著作,以提

升社會學的學術水準。至於出版的方式和程序，以及其他有關出版事項，完全按照三民書局原有的辦法辦理。

　　以單一學科出版叢書是一件值得提倡的事，我們盼望經由本叢書的出版，不僅對社會學的發展有些貢獻，就是對中國學術界也有點幫助。這才是我們大家工作的目標。

　　　　　　　　　　文　崇　一

　　　　　　　　　　葉　啓　政

　　　　　　　　　　　民國七十三年二月於臺北

序

　　社會階層化與社會流動的研究，長久以來，一直都是社會學的研究重心。事實上，從早期的馬克斯、韋伯和涂爾幹等人的社會階層化理論，到當代的地位取得研究，一直都是社會學的研究主流之一。權威性的社會學雜誌，幾乎每一期至少都有一篇以上有關社會階層化與社會流動的論文，可見其在社會學實質研究領域裏的重要地位。

　　很遺憾地，國內長久以來，一直都無系統探討有關社會階層化與社會流動的中文社會學書籍。因此，本書可說是第一本有關這方面的中文書籍。希望它的出版，可以給對社會階層化與社會流動有興趣的讀者，有所幫助。

　　本書前面部份主要是探討社會階層化的有關理論、主要層面和階層行為；後面部份則是探討社會流動，包括地位取得研究、新結構論和結構性社會流動等等。本書有下列二點主要特色：(1)介紹和探討當今社會階層化與社會流動研究的主要方向；以及(2)儘可能加入國內有關這方面的研究資料，並加以探討，以增進國人對自己社會的瞭解。

　　最後，本書作者要特別感謝中央研究院美國文化研究所助理徐瑛鍈小姐在謄稿、校稿和資料蒐集等多方面的幫忙，使本書得以順利出版。此外，三民書局董事長劉振強先生的鼎力支持本套社會學叢書，也一併致謝。

許 嘉 猷

民國七十五年四月序於中央研究院
美國文化研究所

社會階層化與社會流動

目　　次

第七章　社會階層與階層行爲

第八章　已開發國家的社會階層——美國

第九章　臺灣社會階層初探

第十章　社會流動：㈠地位取得研究

第一章　緒　論

一、前言：社會階層化的起源及其分析

自古以來，人類對社會上有價值的事物的分配是否不均，一直深為關心。社會階層化 (social stratification) 主要乃是研究這些有價值的事物，如財富、榮譽、權力、教育機會等，在社會上分佈不均的程度。

社會階層化的研究，長久以來，一直都是社會學的研究重心。這種現象，從早期的社會學大師的著作裏，就很明顯。例如韋伯對階級、地位與權力的闡述，馬克斯的階級理論，巴烈圖 (V. Pareto) 的英才循環論 (the theory of elite circulation)，在他們的理論裏，都佔著極重要的地位。而涂爾幹、派深思等功能論大師的理論，則是戴維斯和默爾 (K. Davis and W. E. Moore) 二人的社會階層化功能論的主要理論來源。

我們討論社會階層化，首先就必須從社會互動、社會角色與社會分工開始。因為人們的互動經過了一段時間，就會逐漸發展出一些固定的期待或了解，這些固定的期待或了解就是所謂的「角色」(role)。

角色本身一方面反映出社會上的團體對個人的期望，另一方面也使得個人知道社會對他的期望是什麼，當個人扮演某種角色時，整個社會都期待他做一些固定的行為，例如：醫生有醫生特定的行為與期待；先生或妻子也各有為社會所期待的固定的行為模式。

　　進一步而言，角色的產生是基於社會分工的考慮。社會上為了要達成一些集體的目標及共同的任務，常自然會產生分工，而使個人扮演一些固定的角色，以期整個社會達到共同的目標。

　　基本上，社會分工之產生乃是起源於"效率"（efficiency），分工會達到效率，我們從普通常識中便可得知。而分工會使個人扮演不同的角色之因有二：（1）個人身心特質不同，因此所扮演的角色不同，例如：男女的分工即是如此。（2）工作本身所要求的技能須花費時間才能駕輕就熟，而個人只能就其有限時間內，專心從事於某些方面的訓練，因此，產生不同的角色。

　　從整體社會而言，社會分工即為一種社會的分化，社會分化最後必然導致社會階層化的產生。因為每人扮演不同的角色，不同的功能時，他所能控制利用的社會資源也就不一樣，在此情況下，社會階層化便逐漸形成。因此，社會階層化即探討有價值的社會資源在社會上分配及控制的情形（Krauss, 1976: 10）。

　　「社會資源」所指為何？通常而言，金錢、財富、教育程度、專業技能、所掌握的政治權力以及威望都是屬於社會資源。而其構成的基本條件是①稀少的，和②有價值的。有些社會資源可能對人非常重要，但是卻不構成社會階層化分類的標準。例如，氫和氧，它們雖然是為人們所需，但並非稀少的。反之，有些是非常缺乏，但因為人們也不覺得需要，所以也不構成社會階層化分類的標準。所以，稀少的及有價值的是構成社會資源的基本條件。

　　因此，社會階層 (social strata)，基本上而言，是指社會上的一批人享有同等的或類似的社會資源。例如，假如我們以收入為標準，收入在三萬元左右者為一階層，　收入在五萬元左右者為另一階層；也就是說在同一等級之下的那些人，他們享有同等的或類似的社會資源。

　　然而，如何來評定社會階層的高低呢？基本上是依其所能掌握的社會資源的多少來評定。而學者們又如何來評定某人或某一團體所能掌握的社會資源的高低呢？通常而言，主要有下列方式：　（一）主觀探究法：即請一些人來評定某人的社會地位的高低；此法通常在小社區中，人們彼此熟悉時，才比較可能實行。因此，其所包含的範圍較小。此法尚牽涉到"由誰來評誰"的問題，此時就可能有幾個對象：（1）由自己來評定自己，（2）用當地的人來共同評定，或（3）由較具代表性的人物來評定。（二）客觀探討法：即用較具體的衡量標準來評定個人或羣體的地位之高低。這些標準通常包括收入、教育程度等。在某些國家中，膚色也是衡量標準之一。此種客觀的指標一般都趨向使用多元的指標。

　　此外，通常而言，學者們在分析社會階層化現象時，通常採用三種分析單元 (Stavenhagen, 1975: 19)：

　　（一）個人：即探討個人的社會地位。

　　（二）社會類別 (social categories)：　簡單而言就是社會位置 (position)。　例如我們研究大學教授的地位之高低，並不是特指某大學的教授，而是泛指一般的大學教授，此一位置在整個社會中的地位之高低。

　　（三）國家：即以國家為基本分析單元。例如，國家間的高低關係。此即為研究國際間的社會階層化(international stratification)現

象。這種分類標準通常以所得、社會福利指標等為標準。

二、社會流動

社會流動與社會階層化乃是一體之兩面。 不過， 在邏輯和時間上，社會階層化應先於社會流動。因為有了社會階層，才能有社會流動。一般而言，社會流動較注重個人，而社會階層較注重社會結構。

社會流動的研究，是以索羅金 (P. Sorokin) 在 1927 年所著的「社會流動」(*Social Mobility*) 一書為其先驅。索羅金對社會流動的研究，奠定了社會流動在社會學中的重要地位。目前對這方面的研究，受索羅金的影響仍然很大。一般而言，社會流動分為二類：

（一）水平流動 (horizontal mobility)：即一個人或一個羣體從一個社會位置移到另一個同等的位置上。

（二）垂直流動 (vertical mobility)： 意指一個人或一個羣體從一個社會位置移到另一個高低不同的位置上。它又包含：

(1) 向上流動 (upward mobility)，即社會地位上昇。

(2) 向下流動 (downward mobility)，即社會地位下降。

除了這個分類外，社會學家也將社會流動分類為：

（一）代間流動 (intergenerational mobility)： 比較上下兩代間，社會階層的高低，及是否有所改變。

（二）代內流動 (intragenerational mobility)： 探討一個人一輩子中的社會位置有否改變， 也 就 是 探 討 一 個人的職業生涯 (career) 的動態。

另外， 還有一種分法， 就是以社會流動管道的暢通與否來區別社會特質。 社會流動管道暢通無阻的社會， 我們稱之為 開放 社會

(open society)，社會流動管道閉塞受阻的社會，我們稱之爲封閉社會(closed society)，此種社會，最典型的代表卽爲印度的喀斯德(caste)制度。而「布衣可爲卿相」「由木屋到白宮」所代表的就是社會流動管道暢通的開放社會。

三、其他有關名詞：喀斯德和社會階級

除了社會階層化與社會流動外，還有一些名詞與之有關。第一個是喀斯德 (caste)，此名詞有二個特質：

（一）指印度特殊的種性制度，卽印度敎文化所形成的特殊的、壁壘分明的社會階層體系，從高至低，分爲婆羅門、刹地利、吠舍、首陀羅和賤民等階層。

（二）由上引伸而來，凡社會上出現下列特性者，皆泛稱爲喀斯德 (Stavenhagen, 1975: 35-37)：

（1）制度本身很僵硬。階級壁壘分明，互不相往來。

（2）出生卽無法改變。出生後就繼承上一代的地位 (ascription by birth)。

（3）階級不能改變。

（4）喀斯德的擴散 (proliferation of caste)：卽喀斯德的特性擴散到生活的各方面，包括思想、信仰等等。

另外，像種族 (race) 及少數民族 (minority) 已漸漸喪失其構成社會階層分類標準的重要性。另外，estate 此一名詞，特指的是歐洲中古封建時期下的社會階層，但是，它也僅是歷史上的特殊用法，而非通稱，所以也逐漸喪失其重要性。

除了上述這些名詞之外，還有一名詞與社會階層的關係非常密切，

此即爲社會階級 (social class)。社會階級，依照馬克斯等衝突論者的看法 (Wright, 1977)，是指在整個生產的社會組織中，所佔有的共同結構性的位置 (common structural positions within the social organization of production)。此概念包含下列的特性：

（一）階級具有共同位置(classes constitute common position)。

（二）這些位置間是互有關係的 (these positions are relational)。

（三）這些位置是植根於整個生產的社會體系之中 (these positions are rooted in the organization of production)。

換句話說，這些生產的體系中有許多空位 (empty places) 等待人們去填入，這些共同的空位組合起來，即構成某一階級 (class)。

四、社會階層化、社會階級和社會流動之關係

社會學的重心是在探討社會結構，但我們如何將社會階層化與社會流動擺在社會結構中？因爲社會學的最終目的就是探討社會結構，而我們把社會階層化和社會流動當作社會結構中的一種重要現象時，我們如何把它們緊緊密合在一起呢？

基本上，衝突論者認爲若只是探討社會階層化現象，而不加入社會階級的分析，則沒有辦法將社會階層化現象與社會結構密切的扣合在一起。他們認爲階層化現象只是社會結構的表徵而已，只是停留在人類的「立即經驗」而已。也就是說，它只能描述這些經驗，而無法分析造成這些經驗的因素，如欲分析造成階層化現象的眞正原因，勢必非加入階級的分析不可。

雖然，衝突論者的看法有其道理，不過，社會階層化現象的分析

還是或多或少可以幫助我們了解社會結構的部份特質，尤其可以幫助我們了解社會結構的分佈特質 (distributional aspects of social structure)。社會階層化的研究比較偏向描述性，比較偏向探討社會結構分佈的情形，屬於比較靜態的研究。另一方面，社會階級的分析比較偏向探討階級間的關係，是比較分析性的和動態的。綜合而言，社會階層化、社會流動和社會階級間的關係，我們可以分成下列幾點：

（一）社會階層化偏向社會結構的描述面，而社會階級則是較具有分析性的，探討社會階層形成的原因。

（二）社會階層的形成是依據社會階級而來，同時又反映社會階級。例如，擁有生產工具者，即資本家階級，可能同時也擁有權力，因此他的社會階層就比較高；反之，沒有生產工具者，他可能受僱於人，因此，他的社會階層就比較低。因此，社會地位的高低，可以說決定於生產工具的有無，即決定於階級之不同。因此，基本上，社會階層是因社會階級而形成的。

（三）有時某一階級已經沒落，但其階層仍佔有高的地位，此即為階層的惰性，僵化的現象。例如，英國的貴族階級雖已沒落，但其在社會上仍相當有地位。

（四）社會階層有時也會主動影響社會階級：在整個社會階層中，中間階層會緩和高、低階層間不同階級尖銳對立的衝突，特別是在社會流動較高的社會中，此功能特別顯著，同時也因而強化了既有的階層體系。因此社會階層有緩和階級間尖銳衝突的性格，也使既有的階層體系得以維持下去 (Stavenhagen, 1975: 25-32)。

五、本書安排

本書主要分為二大部份。第一部份探討社會階層化現象，第二部份探討社會流動。第一部份從第二章到第九章，共有八章。第二章與第三章主要是探討社會階層化的有關理論，從古典的社會階層化理論（第二章），到近代的社會階層化理論（第三章），都加以探討；第四章、第五章和第六章則探討社會階層化的主要層面，包括經濟（第四章），政治（第五章）和社會（第六章）等；第七章則探討因為社會階層的不同而表現出來之不同的階層行為，例如投票行為、消費行為等等；第八章和第九章則具體地探討已開發國家（以美國為例，第八章）和開發中國家（以臺灣為例，第九章）的社會階層。

在第二部份，即社會流動的探討方向，共有四章。第十章到第十二章主要是探討社會流動的主要理論和主要的研究方向，包括地位取得研究（第十章），新結構論（第十一章），以及結構變遷與結構性社會流動（第十二章）。最後一章，即第十三章，則探討臺灣的社會流動。

參 考 資 料

Jeffries, V. and H. E. Ransford

　1980 *Social Stratification.* Boston: Allyn and Bacon, Inc. .

Kerbo, H. R.

　1984 *Social Stratification and Inequality.* New York: McGrow-Hill Book Company.

Krauss, I.

　1976 *Stratification, Class, and Conflict.* New York: The Free Press.

Sorokin, P. A.

　1927 *Social Mobility.* New York: Harper.

Stavenhagen, R.

　1975 *Social Classes in Agrarian societies.* New York: Anchor Books.

Wright E. O.

　1977 "Marxist class categories and income inequality." American Sociological Review 42: 32–55.

第二章　古典的社會階層化理論

一、馬克斯的階級理論

在探討古典的社會階層化理論時，通常都是從馬克斯的社會階級理論開始。主要原因是馬克斯的著作爲社會學的主要起源，而且馬克斯一生致力於社會階級之研究，是第一個發展出有系統的、綜合的和頗富創意的社會階層化理論。底下，我們將從下列四個方面來探討馬克斯的階級理論：（1）階級與社會結構；（2）認識論；（3）主要論點；以及（4）社會學意義。

（一）階級與社會結構

馬克斯的階級理論，其最終的目的是要揭露出社會變遷的法則。因此，我們在探討馬克斯的理論之前，必須先建立一個觀念，就是階級分析必須放在社會結構中來探討，也必須先了解社會變遷法則與階級間的關係。

馬克斯認爲，階級是一種歷史的概念，它出現於由歷史組成的社會結構中，因此，我們必須將階級置入社會的演變中來探討。歷史

上，不同時期，不同的社會結構常存在著不同的階級特徵。所以我們在探討階級時，必須把它放在特定的時空架構裏作具體的研究，不應將其視爲抽象的概念而脫離特定的時空架構。雖然階級會隨著社會結構的改變而改變，但是，社會結構亦會隨著階級的演變而演變。階級是社會轉換的驅策力，但它也是社會動態整體的一部份，因此也受社會動態之影響，兩者互爲辯正關係而前進。簡言之，階級由社會的特殊結構條件發展而來，同時也是社會的構成要素。

(二) 認識論 (epistemology)

馬克斯的階級史觀，主要是建基在他的歷史唯物論 (historical materialism) 上。歷史唯物論主要是針對當時德國所盛行的黑格爾式的唯心論 (idealism) 而提出異議；馬克斯在其與恩格斯合著的「德意志的意識型態」(*German Idealogy*) 一書中首先提出了他對唯心論的批評。他的批評主要有二點：（一）他認爲唯心論過份強調思想與意識對人類存在 (existence) 的影響，特別是集中於偉人的思想意識。但是，偉人的生活已脫離一般人太遠了，因爲偉人或其他擁有特權者，他們的三餐問題都已解決，已不必爲日常的基本生活而奮鬥，所以可以說他們的思想與意識決定他們的存在。但是，（二）就大眾而言，他們得爲每天的生活而奮鬥，因此，是日常的爲基本生活奮鬥決定了他們的存在。故就一般大眾而言，是他們的存在決定了他們的思想與意識。因此，馬克斯宣稱：「生活不是由意識所決定的，而是意識決定生活」。更進一步而言，因爲一般大眾必須爲每日的生活而奮鬥，因此，奮鬥便是一種生產，而生產什麼，如何生產等都與存在配合在一起，所以，個人的本質是由其物質條件所決定，而此物質條件又決定生產。而生產，對馬克斯而言，乃是人類的最基本的活動

(Lopreato and Lewis, 1974: 7-8)。

　　而依照馬克斯的看法，生產主要有四個方面(Bendix and Lipset, 1966: 6-11)： （一）物質方面： 此乃人類基本的需要， 如食、衣、住、行。 （二）當基本的需求滿足之後，其他的慾望便會產生出來。 （三） 家庭的需要： 因為需求愈來愈多， 一個人的力量有時無法達到，需要更多人的彼此合作，因此家庭便成為分工的主要單元，以滿足人類的彼此需要和繁衍其族類； 同時，更進一步發展出種種的社會關係。 （四）生產模式 (mode of production)： 由於生產的分工逐漸由家庭擴展到整個社會，而每一個歷史上的社會，有其主要的生產模式。由於每個人在生產模式上所佔的分工位置並不一樣，因此，階級乃由此而生。故生產模式同時也決定了階級型態及其特色。

　　由此可見馬克斯的歷史唯物論有三大特點： （1）他強調存在決定意識， 即物質生活決定思想與意識； （2）強調一般大眾與歷史的關係； 以及 （3）生產模式決定階級型態及其特徵。由此三點可以看出，馬克斯的認識論是立基在社會基礎上的， 而非只是形而上的抽象思想。

（三）主要論點

（1）生產模式

　　馬克斯對階級的基本看法，是以生產模式，尤其是以生產關係中的財產關係 (property relations)為其重心； 他從政治經濟(political economy) 的觀點來研究人口 (population)，他也認為若研究人口而無將階級的概念加入其中， 則人口 (population) 的概念是抽象而不具體的。相同地，研究階級時，若無法找出其構成的主要元素，則階級仍只是一個抽象的概念，因此，要使階級具體化，必須找出其主

要的構成元素。 而馬克斯發現， 階級主要的構成元素乃是財產關係 (property relations)。 而財產關係在歷史上的任何時期都不一樣，所以爲了要找出它的本質及特色，必須依不同時空的社會結構給予不同的界定，誠如馬克斯在資本論 (*The Capital*) 一書中所強調的，「唯有當眞正條件顯現出他們的一般型態時， 才是眞正條件」 (real conditions are presented only in so far as they express their own general type)。 因此，馬克斯的階級分析重心就是要發現階級的一般型態，此一般型態必須從財產關係著手。

馬克斯認爲，歷史上的每一時期（原始社會、封建社會、資本主義社會等），都各有其不同的主要的生產模式，透過這些生產模式，階級和階級關係乃孕育而生。 而這些生產模式的眞正條件 (real condition) 就是財產 (property)。馬克斯認爲， 財產的問題， 對於整個工業的不同發展階段而言，永遠是任何一個階級最重要的問題，而馬克斯的理論重心卽在探討資本主義社會的財產關係。他認爲在資本主義社會下，財產關係的基礎在於下列兩點： （一）生產工具的私有權 (private ownership of the means of production)，和（二）爲維護此生產工具的私有權而所建立的種種生產的社會關係 (social relations of production)。 卽財富是累積在少數人手裏，而後，這批少數人爲了要保護他們的生產工具的私有權，所以就設定一些生產的社會關係來維護他們的財富。

（2）階級的形成與演變

如前所述，馬克斯認爲一個人在生產關係中所占的位置給他非常重要的生活經驗。這些生活經驗，經由長久的累積，終將決定他本人的思想、信仰與行動。因此，人們爲了生活而得到的經驗，尤其是經濟衝突的經驗，終將促成同一階級的成員們發展出共同的思想、信仰

與行動。

在「共產黨宣言」中，馬克斯提出了幾個促進階級形成與發展的因素：（一）工人逐漸產生疏離感。此是由於工人逐漸成為機器的奴隸之故，工人的工作成為非常單調乏味，不須任何技巧。因此，工人的不舒服逐漸引起他們的反抗。（二）由於工人在工作中愈來愈受壓迫，薪資降低，辛苦的代價提高。（三）資本家本身也彼此競爭，失敗者則淪為無產階級，因此這些失敗的小資本家對既有的資產階級也存在著強烈的敵意，而給無產階級注入新力量。（四）工人為了抵抗資本階級的剝削，彼此的連繫增強，而形成了他們政治上的組織。（五）而資本家也彼此競爭，同時也與貴族及外國資本家抵抗，因此，資本家被迫向工人階級爭取幫忙。然而，資本家這樣做，恰好給工人很好的政治訓練及一般教育機會，因此，提供給工人對抗資本家的力量和武器。（六）在勞資雙方，階級鬥爭接近關鍵性時刻之同時，部分統治階級分子加入工人階級陣容，因而更增加了工人階級的理論基礎與指引，而使無產階級終將獲得最後勝利。

另外在 "The Eighteen Brumaire of Louis Bonaparte" 一書中，馬克斯具體探討法國在路易拿破崙時代的階級演變之實際情形。在此書中，馬克斯也提到促進階級形成的一些要素：

(1) 階級間彼此對經濟報酬分配之衝突。

(2) 同一階級內，彼此連繫之方便，也促進階級的思想與信仰之擴散。此種情形，在近代都市和工廠裏，尤其明顯。

(3) 階級內的成員逐漸團結，而且也逐漸瞭解他們在歷史上的任務，因此，階級意識逐漸形成。

(4) 下層階級對他們無力控制不利他們的經濟結構之長久不滿，使他們認為是受剝削的受害者。

(5) 由上述種種情形，逐漸導致的政治結合和組織。

綜合上述馬克斯與恩格斯的理論，我們可以看出，馬克斯對階級的形成與演變強調下列幾點：

(1) 階級利益 (class interest)：　馬克斯認爲，個人形成一個集合體與另一個集合體產生競爭時，卽產生階級。而個人與個人間的對抗，只是一種競爭而非階級鬥爭。馬克斯 (1845: 59) 說：「個人們只有在從事與其他階級的共同競爭時，才形成階級」(individuals form a class in so far as they are engaged in a common struggle with another class)。基本上，每一階級的利益是不一致的，而在資本主義社會中，資產階級的利益是利潤 (profit)，而無產階級的利益是工資 (wage)；階級由於有共同的利益 (common interest)，所以才有階級的客觀存在 (class in itself)。

(2) 疏離感 (alienation) 促成階級的產生：　馬克斯認爲歷史上任何一個時期，都存有疏離感的現象，但在資本主義下達到了高峯。疏離感，對馬克斯而言，是因工作一方面固然可以帶給人們創造性、自我滿足感，但另一方面卻也可能帶來疏離感，使人成爲機器的附屬品。就前者而言，工作是人性的一部分；而就後者而言，由於外化作用而產生疏離感。在資產階級社會裏，疏離感達到最高峯的原因是由於：(1) 個人所花的心血與勞力的產品，爲別人（資本家）所擁有、所分配。(2) 個人工作片斷化 (segement alization)，在整件產品完成的過程中，個人只是負責生產線上的某一部分而已。因此，馬克斯所言的疏離感有四種型態：(a) 他與他自己的產品疏離。(b) 他與他自己的創造性思考疏離。(c) 他與他自己疏離，此時他不是爲自己的喜好而工作。(d) 他與其他人疏離。在此情況下，個人成爲機器、產品、資本家的奴隸。因此，疏離感在資本主義下達到了最高峯。

(3) 工人聚集在一起而促使階級的產生：馬克斯認為工人之所以會大量聚集在一起是因為近代都市環境及近代的工廠的興起，使工人彼此間的連絡與交往方便。因此，近代的都市與工廠，是無產階級的溫床。

(4) 由於資產階級間彼此互相競爭，又與貴族階級競爭，在此情況下，他們會被迫向無產階級低頭，而作一些妥協，如同意提高工資、受教育的機會、參與一些政治性的活動等等，而使工人學到了與資產階級鬥爭的武器。

(5) 當階級最後發展出階級團結 (class solidarity)、階級意識 (class consciousness) 及階級組織 (class organization) 時，此時，階級由客觀存在而演變成為為其利益而爭的主觀存在 (class for itself)，達到了最充分的發展階段。

(四) 社會學上的意義

由於馬克斯強調理論與實踐合而為一的關係，所以他將社會學部分與政治、哲學合在一起，而馬克斯基於政治理想與哲學思索之故，往往對社會預測錯誤，這些錯誤往往又是馬克斯故意安排的，或者說是他希望社會是如此的，所謂「知其不可為而為之」。總之，他的階級理論之社會學特色是受了政治與哲學的影響，在此情況下，我們可以列舉出馬克斯階級理論的一些社會學意義：

(1) 啟發性目的 (heuristic purpose)。基本上而言，馬克斯社會學上的階級概念並不是描述性的 (descriptive)。他並不注重描述某一特定時空的社會階層或社會階級，其具體的分布情形等等。而是分析性的 (analytical)，較偏重於時間序列，欲從整個歷史的演進當中，歸納出社會變遷的法則 (Dahrendorf, 1959: 19)。

(2) 二元階級模型 (two class model)。馬克斯對階級的看法通常是二分法——資產階級與無產階級。而資產階級又分爲資本家與地主。他之所以採二元階級模型，主要是因爲他認爲在歷史的演變當中，最能帶動社會變遷者，就是這兩個階級，其他的階級對社會變遷並無發揮多大的影響。此點乃從第一點延伸而來。馬克斯雖然有時在描述一具體社會時會採多元階級的觀點，但在分析歷史和社會變遷法則時，他是僅採取二元階級的觀點。除了資產階級與無產階級外，多元階級還包括一些小資產階級、工匠等等。由於一方面它們在社會變遷上所扮演的功能微不足道，另一方面也隨著社會變遷而消失，或淪爲無產階級，因此，儘管起初是多元階級但到最後是僅存兩階級彼此對立的。也就是說，馬克斯認爲只有二元階級模型才能眞正反映出社會變遷實際情況的普遍型態 (general type)。

(3) 受黑格爾正反合的影響，馬克斯認爲社會變遷是導因於社會衝突，而社會衝突又建基在兩個階級上，這兩個階級彼此成正反的關係，階級鬥爭的最後勝利就是合的階段。在整個生產關係中，財產關係是馬克斯解釋「社會移動法則」(law of motion of society)（即社會變遷）的最基本的條件。

(4) 財產關係最終是依靠政治方面來護衞著。財產關係之所以能有效地爲整個社會所接受，是由於受政治力量所護衞著。因此，馬克斯認爲政府(state)只不過是資產階級的行政委員會 (executive committee) 而已。也就是說，各種的政治表現，只不過是資產階級爲了維護他們的財產關係所發展出來的一套政治行爲法則而已。然而，究竟掌握經濟力量是否即控制政治力量，此乃是有待經驗研究加以證實或否定，馬克斯所下的結論，未免太早，且過於武斷。

(5) 注重階級形成，或者更廣泛地說，社會形成 (social form-

ation) 的結構性要素。階級形成是說整個社會已出現了階級的雛形，而社會形成是指社會力，卽社會上，出現某個團體，此團體發出一股力量，此力量不是來自於個人，而是由個人集聚成團體，透過團體才發現出來的。而社會力團結得更深的話，卽爲階級，而階級 (class) 與社會力 (social forces) 之不同，一方面是術語上的不同，一方面可由團結力 (solidarity) 來區分其不同。一般而言，就團結力的強度而言，階級高於社會力。

而一社會上若無一股團體的凝聚力，或者說沒有社會力來鞏固整個社會，就會形成所謂的「社會眞空」。所以，馬克斯認爲階級形成基本上是從「共同的階級情況」(common class situation) 發展而來，此種解釋是非常結構性的。馬克斯認爲同一階級會面臨一些共同的階級情況。馬克斯分析階級的形成與發展，由最初的客觀的共同情境開始，而發展到主觀的階級意識、階級團結與組織，都是強調結構性因素。因此，我們可看出他的階級概念是相當社會學的。

(6) 馬克斯的階級概念是鑲嵌於其整個社會變遷理論的架構下的。這種情形，就是給階級做適度的定位。因此，探討馬克斯的階級觀必須將其置於他的整個社會變遷理論架構裏，才能得窺其全貌。否則，將易犯見樹不見林之弊。

二、韋伯的社會階層化理論

韋伯對階級的許多看法，可說是在向馬克斯的幽靈挑戰 (fighting against the ghost of Marx)。因爲他一方面接受馬克斯的概念，一方面也對其理論作補充和修正。基本上而言，韋伯用秩序 (order) 來表示社會階層，他認爲秩序是高低不等的權力之表現。所以要研究韋

伯對社會階層的看法就要了解他對權力 (power) 的看法。韋伯(1978:
926–27) 認為權力有三種秩序， 分別是經濟秩序、 政治秩序及社會
秩序。 三者又分別有其具體代表的團體，即階級 (classes) 、 政黨
(parties) 和地位團體 (status groups)。而韋伯在說明此三種秩序之
關係時，特別強調 (1) 三者是相互關連的 (interrelated)， 有了一方
面可能增進另一方面。例如，有了社會地位也許會帶來政治權力或經
濟利益；反之，有了經濟力量，也可能會帶來政治權力與提高社會地
位。 因此， 三者是有相互關係的。 但是， 他又強調雖然三者彼此相
互關連， 但三者間仍具有相當程度的自主性。 即三者是不可化約的
(unreducible)。(2) 此三種秩序之所以能發揮其各自的力量，乃預先
假設全面性的社會化 (presuppose comprehensive societalization)。
三者之所以能既獨立存在又相互影響， 是假設有一個更大的架構
(framework) 超越三者。 此更大的架構， 就是社會。但是， 社會
若無全面性的社會化， 此三者便無法充分表現出來。 也就是說， 經
濟、政治、社會這三種秩序或命令若要表現出來，必須透過整個高度
整合的社會才能表現出來。而所以能有高度整合的社會，韋伯認為是
由於有一個政治架構 (political framework) 之故。以下我們將依次
逐步探討韋伯對階級、地位團體及政黨的一些較具體的看法。

（一）階　級

　　首先，讓我們先來看階級。韋伯對階級的看法乃脫胎於馬克斯。
韋伯 (1978: 927) 對階級所下的定義是：（1）一羣人有著共同的生活
命運；（2）這些共同命運經由擁有財物收入機會的經濟利益而表現出
來；（3）而且是透過物品或勞力市場情況而表示出來。 另外， 韋伯
(1978: 927) 也強調階級劃分的標準是生產關係及財富的獲得。 由此

定義而言，韋伯對階級的看法與馬克斯是很相似的。韋伯指出階級具有一些特徵：(1) 階級情況是以財產關係來界定。此點與馬克斯之看法相同。韋伯認為有無財產是階級情境的主要界定條件。財產可以劃分為各類的財產；而無財產者的階級情況是由其所提供的服務(services)而表現出來。同時，(2) 韋伯又強調這些各類的財產與種種的服務是透過市場 (market) 而表達出來。因此，韋伯認為市場情況 (market situation) 是決定個人生活機會的基本條件。所以，階級情況，最終而言，就是市場情況。此是對馬克斯階級理論的補充。

至於階級的形成與演變，韋伯 (1978: 928-929) 認為，具有共同階級利益的人演變成階級行動 (class action) 的現象並不是普遍性的現象。階級行動的發展主要是基於下列的因素：(a) 一般文化情況 (general cultural conditions)； (b) 不同階級的生活情況的明顯對比。此是由於財產的分配 (distribution of property) 和具體的經濟秩序之結構 (the structure of the concrete economic order) 所造成的結果。韋伯認為階級鬥爭是近代社會才發生的，在古代社會中或許也有類似奴隸反抗的行動，但那並不代表階級鬥爭。到了近代的資本主義社會時，這種資本主義的財產分配情形，代表著新起的具體的經濟秩序，才產生了近代無產階級的階級行動。

韋伯 (1978: 930-931) 更進一步強調說，階級行動的產生，是勞力市場 (the labor market)、物品市場 (the commodities market) 及資本主義企業 (the capitalist enterprise) 三者交織而成的結果。但是，資本主義企業和其生產模式要能有效地運作，須預先假定有一個大眾所共同遵守的資本主義之法律秩序來維持它。即要擁有財產，特別是要自由支配生產工具的運用，必須有法律來保護它。而且，從整個歷史而言，階級鬥爭的型態已有了改變，早期是消費信用(consumption credit) 的階級鬥爭。資本家借錢給農民，而農民無法還債，因此，此時期的階級鬥爭就是農民為了無法還債而興起的階級革命。再來，是大家為了爭貨品市場 (commodity market) 演變成階級鬥爭。最後，是為了爭勞力市場 (labor market) 而演變成勞力價格的階級鬥爭。

在階級鬥爭之時，階級間彼此的敵意最濃者，是直接處於階級鬥爭的雙方，卽一方面是工人，另一方面卽為資方代表的第一線人物，例如經理和生產者。而不是那些幕後操縱工廠的人，如股票的持有者、銀行家等等(Weber, 1978: 931)。

（二）地位團體

接著，我們來探討韋伯的地位團體 (status group) 的概念。首先必須強調的是，韋伯對地位 (status) 的定義，是採早期貴族式的定義，而非現在社會學上較平民化的定義，如職業地位(occupational status)、職業聲望 (occupational prestige)、和社會經濟地位 (socioeconomic status) 等等。韋伯以經濟來界定階級，而以生活方式 (styles of life) 來界定地位。韋伯 (1978: 932) 說：「地位情況代表人們的一種共同的、典型的生活之命運，而此生活之命運乃是由特別的、正面或負面的榮譽 (honor) 之評定所決定」。韋伯 (1978: 932-938) 指出地位團體具有下列的一些特性：(1) 相同地位團體的人，有其獨特的生活方式。此主要是透過相近的正式教育、家庭出身和某些高尚的職業，而發展出來的結果。這是地位團體所表現出來的第一個特色。(2) 限制性與排外性 (exclusiveness)。他們的社會交往有一定的限制，通常，同一地位者才互相來往，互相通婚，所以地位團體常常是內婚制的。因此，地位團體分子對非其地位團體的人們

保持距離和排斥他們。(3) 傳統的民主社會也會造成地位團體。韋伯認為即使連傳統民主社會的美國也會發展出地位團體。雖然美國強調傳統的民主，但實際上這只是一種理想而已，特別有錢的人為了要表現出他們的特殊性，為了要表現得與眾不同，所以就追求時尚，炫耀財富，或是強調他們的出身不同(例如，強調是乘五月花號來美國的)，漸漸地就發展出地位團體了。(4) 地位或榮譽常是建立在霸佔 (usurpation)上。如印度的喀斯德制度 (caste system) 是因為阿利安人為了鞏固他們的權勢利益，防止與當地人混合在一起，而發展出來的一套特殊的社會階層。這基本上就是建立在強佔、征服上。但是，**強佔征服之後必須透過經濟秩序的穩定才能使社會地位保持久遠**。

　　韋伯 (1978: 933-935) 更進一步指出，當地位團體的隔離性發展到極端時就形成喀斯德 (caste)。 此時， 地位之界限不只是由法律或是常規來支持， 通常還有很多的儀式以代表不同的地位。 而韋伯 (1978: 933-35) 也指出喀斯德之所以會產生，是因為不同的種族團體 (ethnic groups) 被聚合起來， 而且他們在整個經濟的生產方面執行著不同的經濟功能。例如：黑人常擔任工人階級，而清教徒則是中產階級或是資產階級。 這種 分工 逐漸就演變成地位團體或是喀斯德制度。韋伯的重心並不是在討論喀斯德，他只是強調喀斯德發展的基本條件。若不同種族團體所扮演的經濟功能並無明顯區分時，則種族團體不一定會發展成喀斯德。此時，種族團體之間，只是有水平式的，而非垂直式的關係。

　　另外，韋伯 (1978: 935-36) 認為地位團體常擁有一些地位特權 (status privileges) 和地位象徵 (status symbol)，以表示其獨特性。地位特權通常分為兩大類： (一)是規範性的 (normative)：例如英國的王室，他們的穿著、時尚、禮貌等等代表著社會核心價值、習俗

的承擔者；（二）是物質的（material）：例如地位團體擁有一些經濟上的壟斷權，如採礦權。壟斷權有正反兩方面的意義，正面是指代表著價值的承擔者，或是擁有採礦權；反面則是不擁有某些事物。例如，不做勞力的活動，不汲汲營利，否則便有失身分。卽所謂有所為和有所不為。在這情形下，韋伯認為地位團體常會妨礙了自由市場的發展，同時也使個人無法從事理性的經濟活動。總而言之，韋伯認為階級的重心是由生產（production）來界定的，而地位則是由消費（comsumption）來界定（Weber: 1978:937），消費型態的不同，卽代表著生活方式的不同。

而且，韋伯（1978:938）認為從歷史觀點和經濟情況而言，當社會變遷、技術變遷，卽社會較不穩定時，階級區分較為人所注重。但是在社會經濟情況較穩定時，社會地位便日益為人所注重，成為社會階層區分的重心。

（三）政　黨

最後，讓我們討論韋伯對政黨，卽政治力量的分析。韋伯（1978:938）說：「政黨居於權力之屋內」（Parties reside in the sphere of power）。他認為政黨的行動是為了達到一些政治目標，這些目標通常是為了使法案通過，例如：工黨的目標是使工人能掌權；而環境保護協會是為了保護生態環境。但也有可能政黨是以一些個人的權力地位為其目標的。而「權力」（power）一辭，韋伯（1978:53）則定義為「在某一社會關係內，不管別人的抗拒，某人仍得以使其志願成為可能，不論此可能的基礎為何」。

政黨或由同一階級所組成，或由同一地位團體所組成，但通常是由階級和地位團體來共同組成。政黨可能是很短暫的，也可能是很長

期性的。而政黨爲了達到目標，常會透過一些手段，如暴力、革命、或是民主的投票等等。但韋伯對投票卻又抱著悲觀論調，他認爲投票時易受金錢、個人地位、演講、哄騙的影響。政黨政治並不一定能造成民主政治，其最主要的功能也許是在產生最佳領導人物。

三、馬克斯與韋伯的社會階層理論的比較

以上我們探討了馬克斯與韋伯二人對社會階層的看法。底下，我們將簡單比較他們之異同：

（1）就經濟、政治與社會此三種秩序而言，馬克斯對階級的看法是階級決定論或是階級化約論。即對經濟秩序的控制也就同時控制了政治和社會秩序。但是，韋伯卻不認爲如此。韋伯認爲經濟(階級)、社會（地位）和政治（政黨）此三個層面，彼此關連，卻仍可保有其各自的自主性，是不可化約到任一層面的 (Bendix, 1974)。

（2）就階級情況而言，馬克斯從經濟功能，特別是生產關係來看階級。他認爲階級由客觀的存在演變爲主觀的存在是必然的。階級情況最終必導致階級行動。再者，他認爲資產階級的意識型態，最後必會導致工人的羣起反抗，並使其運動激烈化。此外，馬克斯將階級劃分爲資產階級與無產階級兩個模型，以分析社會變遷。

韋伯基本上同意馬克斯以生產關係來界定階級的看法，但他還特別強調，階級情況最後是由市場情況所決定的。而且，韋伯認爲階級情況並不一定導致於階級行動。他認爲種族、宗教等因素常會緩和階級對立的尖銳化。

（3）就階級與社會變遷而言，馬克斯將階級與社會變遷扣合在一起，且特別強調在階級鬪爭中，無產階級必會獲得最後勝利。他是基

於一種「目的論」(teleological) 的看法。而韋伯認爲在社會太平時期，地位是整個社會秩序的重心，但在社會變遷、技術改革、整個社會不穩定時，階級是社會階層的重心所在，因此，韋伯對社會階層與社會變遷之關係是基於「循環論」的觀點。同時，韋伯並沒有提到階級鬥爭最終誰將會得勝。

(4) 總結而言，馬克斯擅長於社會變遷等動態方面的描述，較注重階級縱剖面的分析，而且其對階級的概念有許多原創性，提出許多很好的問題。而韋伯則擅長社會結構橫剖面的描述。他修正及補充了許多馬克斯對階級的看法，所以我們說他是特具有綜合分析能力。

參 考 資 料

Bendix, R.

1974 "Inequality and social structure: a comparison of Marx and Weber." American Sociological Review 39: 149-161.

Dahrendorf, R.

1959 *Class and Class Conflict in Industrial Society.* Stanford: Stanford University Press.

Lopreato, J. and L. S. Lewis

1974 *Social Stratification*: *A Reader.* New York: Harper & Raw Publishers.

Marx, K.

1852 "The Eighteen Brumaire of Louis Bonaparte." in R. C.
[1970] Tucker (ed.), *The Marx-Engels Reader.* New York: Norton.

1859 *A Contribution to the Critique of Political Economy.*
[1970] New York: International Publishers.

1867 *Capital*: *A Critique of Political Economy.* New York:
[1967] International Publishers.

Marx, K. and F. Engels

1845 *The German Ideology.* New York: International Publi-
[1970] shers.

Ritzer, G.

1983 *Sociological Theory.* New York: Alfred A. Knopf,

Inc. .

Weber, M.

1978 *Economy and Society.* Berkeley: University of California Press.

Zeitlin, I.

1967 Marxism: A Re-examination. New York: Van Nostrand Reinhold Company.

第三章　近代的社會階層化理論

一、前　言

　　近代學者對社會階層化理論的探討，爲數頗多，其中，最早做有系統的陳述和引起討論最多的文章，首推 K. Davis 和 W. E. Moore（1945）在1945年聯合發表的那篇「階層化的一些原則」（Some principles of stratification）。而這篇文章發表後，沈寂了八年，到了1953年，才有人開始陸續提出正反方面的意見。1948年，Davis 在其所著的「人類社會」（*Human Society*）一書中，對1945年那篇文章中社會階層的看法有了一些修正。1953年，Tumin（1953）發表一篇「階層化的一些原則：一個批判分析」（Some principles of stratification: a critical analysis），而開始了與 Davis 和 Moore 二人一連串的答辯；連續了好幾回合，後來此答辯也加入了好幾位學者，如 Simpson（1956），Buckley（1958），Wrong（1959），Stinch-combe（1963），及 Huaco（1966）等人。直到1965年止，有不少的文章是針對 Tumin 與 Davis 和 Moore 的觀點與答辯，而發表自己的看法的。這些批評、辯論，到了最後有些是流於情緒化了，

而且也引起了許多誤解， 其主要原因是因為很多人只看到 Davis 和 Moore 兩人在 1945 年發表的那篇文章， 但卻沒有看到 Davis 在 1948年「人類社會」一書內所做的修正，所以才會引起許多不必要的誤解與情緒性的反應。

　　Huaco (1965) 於 1965 年寫了一篇「階層化的功能論： 二十年的爭論」(The functionalist theory of stratification: two decades of controversy)， 可以說對這二十年來的爭論作了一個總結。 底下， 我們將探討社會階層化的功能論及其批判， 以及社會階層化功能論的實證研究。

二、社會階層化功能論

　　Davis 和 Moore 二人首先強調他們對社會階層化的看法是著重「位置系統」(system of position)，說明社會位置為何有高低的不同，而不是說明居於其位的個人 (individuals) 高低的不同。後來的許多學者常因沒注意到這一點以致於引起了許多不必要的爭論。基於此前題下，他們認為，若將社會當作一個運轉的體系，則社會必須將其成員安排到各種位置上去， 且使他能執行該位置的責任。 簡而言之，社會必須一方面分配他的成員到各個不同的位置上面去，另一面要使其能執行該位置的任務、責任。因此，社會必須提供一些動機或誘因，來吸引人，使人願意就某種位置，且願意盡其職責。

　　Davis 和 Moore 二人認為，假如這些社會位置本身給人感覺到同樣的愉快，這些位置對社會的生存同樣重要，和這些位置所需要的才能和訓練是一樣的話， 如何把人們引到這些位置上去就不太重要了。但是，事實上，有些社會位置比其他位置更讓人覺得愉快，有些

位置在社會生存的功能上比其他位置更爲重要，而且有些位置比其他位置更需要特殊的訓練和才能，因此，爲使人們願意勤勉工作，人盡其責，不可避免地，社會需要提供一些報酬以做爲誘因，而且這些報酬應以每個位置的功能之重要性之不同而給予不同的報酬。這些不同的報酬和其分配乃因此成爲社會秩序的一部份，而社會階層化的現象也因此而生。故我們可以看出，Davis 和 Moore 二人的社會階層化功能論之主要論點乃是環繞在社會位置體系在下列三點之不同，即(1) 功能的重要性，(2) 訓練和才能，和 (3) 愉快性。

(1) 功能的重要性 (functional importance)：Davis 和 Moore 認爲有些位置對社會生存的功能比其他位置更爲重要，然而，如何決定功能的重要性，Davis 和 Moore 在文章的正文裏並沒有很清楚的交代，只在其附註中提出了說明，也因爲如此而引起了後來的許多誤解。他們在文章的註解內，提出了如何決定功能重要性的二點說明：(a) 地位的獨特性 (uniqueness of positions)，例如：醫生的工作乃是相當獨特的，此職位不容易被其他位置所替代。(b)依賴性(dependency)，即是否有許多其他位置會依賴它，若是其他位置多依賴此位置，則表示此位置乃所謂的關鍵性位置 (key position)，對社會更具有重要性。

(2) 才華 (talent) 和訓練 (training)：每個位置所需要的才華和訓練不一樣，因此，社會賦予的報酬也就應該不一樣。有些位置本身需要更多的才華，例如：運動員、音樂家等。而有些位置則需要更久的訓練，例如：醫生。因此，社會給予這些位置的報酬就不應一樣。

(3) 愉快性 (agreeability)：意指該位置是否爲多數人所不願意從事者，例如：收垃圾，或是一些辛勞而工作環境又差的工作，就是

愈缺乏愉快性；而處於一些有中央調節系統舒適辦公室中工作者，就是愈有愉快性。而愈有愉快性者則愈有功能的重要性，反之，則是職位較低。這一點的看法到後來就幾乎不再討論了。

接著，Davis 和 Moore 認爲，既然位置所扮演的功能重要性不一樣 (differential functional importance)，則其報酬也會不一樣 (differential rewards)，他們在此所提到的報酬是比較偏重於物質的報酬，但文章中仍將報酬分爲三種：(1) 維生和舒適 (sustenance & comfort)，卽物質報酬；(2) 幽默和娛樂(humor and diversion)；和 (3) 自我尊重和自我發展 (self-respect & ego expansion)，卽自我的充分發揮。

Davis 和 Moore 更進而認爲位置有高低不同是普遍性的，全世界皆然，但是高低分類標準則是各個社會或多或少會有些不同。而所以會有不同，他們認爲是因爲：

(1) 每個社會所面臨的自然條件並不一樣。

(2) 專業化程度不一樣。每一個社會內部的發展程度不一樣，愈是工業化的社會，分工愈細，不同的報酬的範圍也就愈大。

(3) 對功能的重要性之著重點不同。每個社會所強調的功能之重要性不同。例如：在回敎國家中會對宗敎較爲注重；而在資本主義國家中則較注重物質報酬。

(4) 不平等程度 (magnitude of inequality) 之不同。各個社會對不平等的程度有大有小，因此，階層化的差距也就有所不同。故社會可以依此而分爲二類極端對立的型態，卽平等的 (equalitarian) 及不平等的 (inequalitarian) 社會。

(5) 機會的程度 (the degree of opportunity)：愈是開放的社會，社會流動機會愈高，反之，如印度喀斯德制度的封閉社會，流動

機會則愈少，因此，流動機會的平等性也就有所不同。

(6) 階層團結程度 (the degree of stratum solidarity)：就整個社會體系而言，某一社會力愈強者，則其階級團結性愈強，其階級也愈有組織；反之，社會力不強者，其階級意識愈低，愈沒有組合起來。

這六個因素，會影響到整個社會階層化體系的類別和型態，雖然社會階層化的現象是有普同性的，但是，由於上述因素，使得階層系統的型態在各個社會中會有所不同。

Davis 在 1948 年所出版的「人類社會」(*Human Society*)一書中，對社會的主要功能的理論作了一些修正，他認為他們的理論是比較適合於有競爭性的社會 (competitive society)，也因此，他認為愈是有世襲性因素 (ascriptive elements) 影響很大的社會，愈不能人盡其才，他們的理論則較不適合。反之，愈是有競爭性的社會，愈能人盡其才，他們的社會階層化功能論則愈適合。但這個補充往往被人忽略，因而引起了許多不必要的爭論。

三、社會階層衝突論：對功能論之批評

Davis 和 Moore 的文章發表之後，引起了不少學者們的批評，其中最主要的人物就是 Tumin。Tumin (1953) 在 1953 年所發表的一篇文章——「階層化的一些原則：一個批判分析」(Some principles of stratification: a critical analysis) 裏，從衝突論的觀點出發，有系統的批評 Davis 和 Moore 的社會階層化功能論。

Tumin (1953: 53) 首先對 Davis 和 Moore 的功能論作一個總結：

（一）社會中某些職位的功能比其他位置的功能更重要，而且更需要特別的技術來執行此功能。

（二）社會中只有少數有才能的人能加以訓練，以習得這些職位所需要的技能。

（三）而這些受訓練的人爲了學得這些技能，在訓練期間必須付出不少的犧牲。

（四）社會爲了要吸引這些有才能的人去接受訓練，而且在訓練期間，他們又需要付出相當大的犧牲，因此，在其日後從事某項職位時，社會就必須給他們高低不同的回報。這些報酬乃是稀有的和爲人們所想要的。

（五）這些稀有的，爲人所想要的報酬包括有物質報酬，幽默和娛樂，自尊和自我實現等。

這五點乃是循序漸進的連續推論，爲 Tumin 對 Davis 和 Moore 的社會階層化功能論所作的摘要。 然後， Tumin 針對這五點而逐點加以批評。其要點如下：

（一）Tumin 認爲功能論所謂的社會位置的功能之不同重要性 (differential functional importance) 的概念，乃是非常定義不明，而且含有極強烈的價值判斷，因此容易引起許多情緒上的反應。舉例而言，我們如何能分辨是醫生重要還是農夫重要。此根本就是價值判斷。而且，現有的每一個職位必然有其功能的存在，因此功能的重要性根本就是無甚意義的恆眞定理。再說，某一職位的不可取代性，往往並不是其功能性質無法爲另外的社會位置所取代，而常是由於雙方議價的結果。

（二）Tumin 並不同意 Davis 和 Moore 所說有才能的人是稀少的。他認爲有才能的人的人數雖然是有些限制，但事實上，這種限

制的主因是來自於許多結構性因素的限制，而不是眞正的人才稀少。
例如：在古代男女不平等，女子無才便是德的社會中，並非婦女中沒
有人才，而是在那時的社會體制下，婦女的才能根本受排斥，更不必
說被發覺和任用。 Tumin 同時也舉出了幾個限制人才發展的結構性
因素：

(1) 教育機會：由於經費的問題，每個家庭所能負擔的教育費不
同，無形中便埋沒了許多人才。例如：臺灣在民國四〇到五〇年代，
很多師範生當中不乏人才，但礙於家境清寒之故，只好只唸師範學
校。而使得他們的才華無法得到後天的培養，以至於難以做更高度的
發揮。

(2) 有些職位是繼承的，不是公開競爭的，因此人才受到限制。
例如，在印度的喀斯德 (caste) 制度下，屬於社會低階層的人，卽
使有天賦也是很難得到高職位的。

(3) 基於上述兩個結構性因素，那些比較下階層的人，他們的下
一代同樣也會因此而得不到好位置，因此造成惡性循環下去。

(4) 另一方面佔有好位置的人，也爲了維護自己的地位，更設下
許多限制，使人才無法進入。

也就是基於上述幾個因素而使人才的發掘和培養受到不少的結構
性之限制。

(三) Tumin 認爲，雖然有才能的人在受訓期間是付出了某些
犧牲，但是從中也得到了許多精神上和其他的報酬。例如醫科學生，
在受訓期間，雖然所付出的犧牲不少，但是相對地他們在許多方面也
是佔了很多的便宜，例如交女朋友容易，身價也較高，得到社會的尊
重等等。Tumin 因此認爲訓練本身並不意味著就是犧牲，往往它也
是具有很多的補償的。再者，訓練期間所付出的代價，常常是社會與

家庭所付出的，而不是個人所付出的，在此情況下，個人並沒有理由
說自己付出了代價和犧牲。 最後， Tumin 認為若把訓練期間所花的
代價當作是一種人力資源的投資，而預期日後能得到更高的回報，在
投資報酬率很高的情況下，這些犧牲就微乎其微了。

　　(四) Tumin 懷疑物質報酬是否為吸引人才的最有效的誘因，
他認為在不同的社會，應該會有不同的報酬型態。例如，在共產社會
中，吸引人的報酬中，最重要的乃是權力 (power)，而非物質報酬。
Tumin 認為對某些人而言,工作本身就具有很大的內在價值(intrinsic
value)。所以，物質報酬的高低並不一定是決定他是否接受訓練的主
要原因， 也許工作本身對他來說就具有了很大的價值， 工作本身就
是他最大的目的。另外，以權力當作吸引人才的誘因則為功能論所忽
視。

　　(五) Davis 和 Moore 認為社會位置的功能重要性不同和社會
階層化現象是不可避免地。但是 Tumin 強調，即使功能重要性有所
不同和社會階層是不可避 免 的， 但社會階層化現象也是有許多反功
能，而這些反功能，Davis 和 Moore 卻完全沒有提到。

　　Tumin 提出了一些社會階層的負功能:

　　(1) 社會階層限制了人才的發掘。

　　(2) 由於限制了人才的發掘，因此社會人們無法完全人盡其才，
故就此意義而言，社會階層也限制了人類的生產。

　　(3) 它維護既得利益，幫現有現狀 (status quo) 講話。 例如，
認為某人之所以會當董事長是因為有才華、有能力，否則如何能當上
董事長。但此種看法忽略了世襲性因素的影響。

　　(4) 在此社會制度下，低下階層的人會易有自卑感，以致於妨礙
了他的才能之發展。

（5）社會階層影響社會位置低的人，使他自暴自棄地認爲他對社會沒有用，因此他對社會的忠心便不够，而影響了他參與社會的程度，因此也容易對社會產生冷漠感，造成不同階層間的敵意、懷疑，而阻礙了社會的進步。

Huaco（1966）認爲上述 Tumin 對 Davis 和 Moore 的社會階層化功能論之批評當中，有些可能是誤解，但基本上，Tumin 從衝突論的觀點來批評他們，有二點是很成功的：（一）是對功能重要性的概念的批評，認爲此概念是主觀和充滿價值判斷的。（二）是對報酬的看法，認爲物質報酬在不同社會裏，並不一定是最重要的。

四、Simpson 的供需論

Simpson（1956）從經濟學的供需律觀點去修正 Davis 和 Moore 的功能論。首先，Simpson 對 Davis 和 Moore 的理論作了四點的批評：（一）他認爲位置的重要性與否是很難加以測量的。（二）有些位置的報酬，對社會似乎是沒有什麼貢獻的。例如貴族的僕人、管家，這些職位只是對個人有貢獻，但對整個社會似乎並沒有什麼貢獻。（三）有些位置，社會給它的報酬超過它所應該擁有的程度，例如：電影明星的片酬似乎超過他對社會的貢獻。（四）功能論隱含著社會上之所以會有某一階層是因爲此一階層體系是一社會上所能有的最好的階層體系，這一點是值得懷疑的。

Simpson 針對 Davis 和 Moore 的功能論提出批評之後，他接著提出以人才的供需律決定報酬，以代替功能的重要性。Simpson 特別強調報酬並不一定是指物質報酬，而可以是任何一種社會報酬，他的重心著重在社會人而非經濟人，在此前題下，透過社會的供需律，

一方面是人才的訓練，另一方面是社會位置對人才的需要，兩個相交點就是某一社會位置的報酬 (reward)。 Simpson 認為功能的重要性難以測量，人才的供給與需求則是可以測量的，而且又不含價值判斷。

Simpson 接著提出了會影響社會上對人才的需要的一些因素：

（1）文化價值：在中東的回教國家中，對宗教人才的需求愈多；在工業發達的國家中，則對高度的專業技術人才的需求也愈多。

（2）技術：社會發展到某一階段時，對某一階段的人才需要也愈多。而且技術愈是分化得愈細，則報酬的全距也愈大。

（3）有權力去決定報酬：公司的總經理和立法委員有權力訂定他們自己的薪水，而且常常比他們實際應得的報酬為高，此乃是他們有權力去決定報酬之故。又如立法委員以請助理名義替自己做變相加薪，也是同樣的道理。

另外，Simpson 也提出了影響人才供給 (supply) 的一些因素：

（1）若某項職位，它所要求的才華和訓練愈高時，則人才的供給愈少。

（2）有權力對人才的供給加以限制。對人才供給的限制，不使人才培養太多。例如醫生的供給常是如此，以維持他們的高薪。特別是美國醫學學會不希望訓練太多的醫生，唯恐因為醫生太多則會降低他們的薪資，因此對醫生的供給加以嚴加限制，以維持他們的高薪，此乃是對供給的壟斷，以維持高價格的手段。我國的一些國營企業，例如臺電、中油和公賣局等，也是被人批評為是獨占事業，而有價格過高的不合理之現象。

（3）產品的分化：讓人感覺到自己所出產的產品與眾不同而可以抬高身價。例如，黃俊雄的布袋戲、楊麗花的歌仔戲和其他一些標榜

高品質的產品（例如普騰電視機、新力錄影機、朋馳汽車等）等等皆是。

（4）職業的選擇：由於人們的興趣、價值的不同，使人對職業的選擇會有所不同，因此而影響了人才的供給。

（5）勞工的流動：勞工的職業流動愈容易，遷徙愈方便，則人才供給的不足便愈容易補足。反之，則受限制愈大，愈不容易在短期內補足。

Simpson 的供需論，有些值得我們深思。就功能論所謂的功能的重要性此點而言，Davis 與 Moore 強調的是職位的獨特性(uniqueness)，即位置的不可替代性（irreplaceability），愈是不可取代的職位，它的功能的重要性愈高，但是就整個社會而言，工人、農人、醫生何者為最重要，似乎都是很重要的，但是從不可替代性的觀點而言，他們彼此間似乎又有些差距。此似可從經濟學的觀點來解釋，即就總效用（total utility）而言，醫生、工人……都是一般重要。但是他們各別的邊際效用（marginal utility）就有差別。例如：三百萬的農民與二十萬的醫生，他們的總效用是一樣的，但其各別的效用所表現出來的，一個醫生就相當於十五個農民之效用。

另外，我們也可以從經濟學的供需律來解釋社會上的高低不同的報酬是如何產生。例如：醫生與大學教授的比較，若從其才華與訓練而言，我們是很難比較何者為高，何者為低；而就所付出的努力而言，更是難以評判，但是醫生的報酬卻是比大學教授的報酬多得多，若從功能論的觀點，我們似乎很難去解釋其原因。另外，許多電影明星的報酬不但比大學教授的報酬高，甚至也高於醫生的報酬，但他們的功能的重要性，即對社會生存的貢獻，似乎又比不上後兩者。這種情形若從功能論的觀點而言，似乎無法解釋；但是，若從經濟學的供

需律來解釋，便能得到一個很好的說明。就醫生與大學教授而言，社會上每個人都需要醫生，但並非每個人都需要大學教授，他們的社會需求量不同，因此導致他們所得的不同；同樣地，出名的電影明星，其供給量也是遠低於所需求的，因此，他們的市場價格，即他們的身價，便相當高了。

Huaco (1966) 不同意 Simpson 所說「有些職位的報酬太高」，但他也認為透過供需律便能說明其原因。但 Huaco 認為經濟報酬與功能的重要性是不一樣的，我們的重心是在於討論功能的重要性而不是經濟報酬。他批評 Simpson 似乎把兩者混為一談了。而且，功能的重要性與人才的稀少都是造成不同位置的人有不同報酬的原因。我們解釋電影明星的待遇高於大學教授，是指因為他們的人才的稀少而造成的經濟報酬高於大學教授，而不是他們的功能的重要性高於大學教授之故。

另外，Huaco 也同意 Tumin 和 Simpson 之批評，認為功能的重要性是難以測量的。

這些種種的爭論，Huaco (1966) 也作了一個總結，即他認為 Davis 和 Moore 的功能論無法得到證實，因為，就歷史資料而言，並沒有證據顯示不同的位置對社會的生存有高低不同的貢獻。

五、功能論的實證研究

由於 Davis 和 Moore 的功能論引起多人的誤解、批評和修正，一些學者們(Lopreato and Lewis, 1963; Land, 1970; Grandjean, 1975; Cullen and Novick, 1979) 乃嘗試以經驗資料去驗證 Davis 和 Moore 的理論之正確性。在這些經驗研究裏，我們將介紹最近的

研究結果，卽 Grandjean 和 Cullen 與 Novick 的研究。

Grandjean（1975）基本上和前述 Simpson 的看法一樣，也是從經濟學的供需律之觀點出發。認為愉快性（agreeability）、才能（talent）和訓練（training）是關於人才供給（supply）方面，而功能重要性（functional importance）類似人才需求（demand）方面，這兩者的交會點就決定了報酬（rewards）。然後，他又發現愉快性愈低，卽工作環境愈差，而訓練要求愈高時，則會使供給下降；而功能重要性愈高，則會使需求愈增加。

Cullen 和 Novick（1979）：則根據 Davis 和 Moore 的理論發展出一個路徑模型（path model），如下圖：

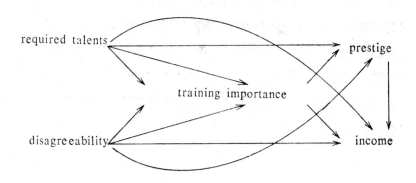

在此路徑模型裏，Cullen 和 Novick 以職業代表社會位置(positions)，職業所需要的才能（required talent）和愉快性（agreeability）代表職業的基本特質而被視為自變數，訓練（training）則受職業的基本特質（卽所需要的才能和愉快性）之影響，並且假設愈是複雜的工作愈需要更久的訓練。此外，職業的愉快性程度愈高（以體力辛苦程度，工作環境良好與否為指標）也被視為愈會增加訓練的長度。

人們認爲職業的重要性 （perceived importance） 則是有關需求的要素。如果是當做一種社會判斷，則職業的重要性通常是以人們視此職業本身的基本特質和所需要的訓練而定。因此，此模型也就持如此的看法。所有這些有關決定職業，卽位置的因素，影響職業的報酬 （rewards）。而報酬在此模型裏，是以職業聲望 （prestige） 和所得 （income） 加以測量。

Cullen 和 Novick 的研究指出，職業所需要的才能、訓練和重要性都對聲望與所得有正的影響。而工作本身的愉快程度對聲望有負影響，但是對所得卻未必有影響。例如藍領階級在美國而言，由於他們對勞力者的評價較低，所以工作本身的愉快性程度對聲望有負的影響，然而，美國的藍領階級的收入不見得因其工作的聲望低而也就低。最後，Cullen 和 Novick 認爲供給的因素 （卽所需要的才能和訓練） 比較有彈性，而功能的重要性較無彈性，因此，前者較能解釋報酬的差異。至於衝突論的研究，則以 Wright （1982） 的有關美國的社會階級之研究，最爲出名。我們將在探討已開發國家的社會階層此章中，詳加介紹。

六、結　論

從以上的討論裏我們可以看出，大多數的學者們都認爲功能的重要性之差異是一種相當主觀的價值判斷；而且物質報酬並非是工作的唯一誘因，也應該會有其他的誘因來代替 Davis 和 Moore 所謂的報酬，例如權力 （power） 卽是一個相當重要的誘因。

在整個功能論中，都沒有提到權力 （power） 對整個社會階層的影響力，整個重心都著重在經濟的報酬，而在衝突論中，才有Tumin、

Wesolowski (1962) 等人強調權力的重要性。

　　最後，本書作者認為，愈是開放的社會，人才愈能够充分發掘出來；另外，愈是同質的、完全競爭市場，愈能人盡其才，在此情況下，功能論的解釋力將愈高；反之，若是在閉塞的社會或非完全競爭市場的情況下，則權力的影響會較大，因此，衝突論的解釋力將愈適合。

參 考 資 料

Buckley, W.

1958 "Social stratification and the functional theory of social differentiation." *American Sociological Review* 23: 369–75.

Davis, K.

1948 *Human Society.* New York: The MacMillan Company.

Davis, K. and W. E. Moore

1945 "Some principles of stratification." *American Sociological Review* 10: 242–249.

Grandjean, B.

1975 "An economic analysis of the Davis–Moore theory of stratification." *Social Forces* 53: 543–52.

Grandjean, B. and F. Bean

1975 "The Davis–Moore theory and perceptions of stratification: some relevant evidences." *Social Forces* 54: 166–80.

Huaco, G. A.

1963 "A logical analysis of the Davis–Moore theory of stratification." *American Sociological Review* 28: 301–04.

1966 "The functionalist theory of stratification: two decades of controversy." *Inquiry* 11: 215–40.

Land, K. C.

1970 "Path models of functional theories of social stratification as representations of cultural beliefs on stratification." *Sociological Quarterly* 11: 474–84.

opreato, J., and L. S. Lewis

1963 "An analysis of variables in the functional theory of stratification." *Sociological Quarterly* 4: 310–20.

Simpson, R.

1956 "A modification of the functional theory of stratification." *Social Forces* 35: 132–7.

Stinchcombe, A. L.

1963 "Some empirical consequences of the Davis–Moore theory." *American Sociological Review* 28(5): 805–08.

Tumin, M.

1953 "Some principles of stratification: A critical analysis." *American Sociological Review* 18: 387–94.

Wesolowski, W.

1966 "Some notes on the functional theory of stratification." pp. 64–69 in R. Bendix and S. M. Lipset (eds.), *Class. Status, and Power*. New York: The Free Press.

Wright, E. O., C. Costells, D. Hachen and J. Sprague

1982 "The American class structure." *American Sociological Review* 47: 709–726.

Wrong, D. H.

1959 "The functionalist theory of stratification: some neglected considerations." *American Sociological Review* 24(5): 772–83.

第四章 社會階層化的主要層面：
㈠經濟面

一、前　　言

　　社會階層本身卽蘊涵著種種高低不等之排列，而不平等是多方面的，且又是複雜微妙的。在當代高度複雜的工業社會裏，不平等更是錯綜複雜。因此，爲了釐清這些錯綜複雜的種種不平等，我們首先必須把社會上不平等的主要方面找出來，加以討論。如此，才能使我們對高度抽象的「社會階層」此一概念，有更具體的瞭解。通常而言，社會階層的主要層面包括經濟、政治、社會此三方面的不平等。首先，讓我們來討論經濟方面的不平等。經濟方面的不平等，從總體方面而言，卽是探討國民所得分配 (income distribution) 不均的程度；從個體方面而言，卽是探討各人所得差異(income differences)的程度。爲瞭解所得分配不均及所得差異的情形，首先必須加以測量，才能討論。因此，我們先從測量經濟不平等的方法及與其有關的名詞著手，然後再討論所得分配與所得差異的情形。

二、所得分配不均的測量

在探討所得分配不均的測量方法之前，首先，我們先來了解一些測量所得的有關術語：

（一）所得（income）：「一個人在某一時候的所得，是指在財富維持不變的情形下，他所能花費的總額」（Income in a given period is the amount a person could have spent while maintaining the value of his wealth intact）（Atkinson, 1975: 33）。換言之，用較通俗的話來說，即是在不蝕掉老本的條件下，他所能花費的總額。所得的種類很多，最通常的是薪資收入（wage earning）和薪資以外的種種福利（fringe benefits）、資本家的投資所得等等。薪資收入主要是從勞力市場而來（markets for labor）。另外就資本家而言，其收入主要是從資本市場（markets for capital）而來，包括投資所得（investment income）、移轉所得（transfer income）（例如：別人所還的債、養老金等）和資本收入（capital receipts）（例如：遺產、贈與等）。上述這些所得，不管是從勞力市場或從資本市場而來，依經濟學家而言，通稱為「流財」（flows）。

（二）財富（wealth）：財富是指「可變賣的資產」（assets at what that would be sold for）（Atkinson, 1975: 20）。包括工廠、廠房、機器設備、土地、房子，甚至股票等，經濟學上稱為「固定財」（stocks）。

所得不均的測量法有很多，許多常用的描述統計（descriptive statistics），例如：全距（range）、次數分配（frequency distribution）、標準差（standard deviation）等，都可用來測量所得的差距。另外，經濟學家也發展出來一些專門測量所得不均的方法，這些方法中，最主要的是「分位法」和「吉尼係數」（Gini Coefficient）。

所謂「分位法」，是將全國的所得依照所得高低分為幾個分位，

通常最常用的是分為五分位，每一分位的戶數各佔總戶數的百分之二十。第一分位（最低平均所得組）與第五分位（最高平均所得組）兩組所得相差的倍數，就是一般所謂高低所得之差距倍數。而最高平均所得組和最低平均組的絕對值差額，即為絕對差距。不管是倍數的差距也好，或者是絕對值的差距也好，差距越小，表示財富分配越平均。

另外，所謂的「吉尼係數」，則是從勞倫茲曲線 (Lorenz Curve) 而來，如下圖：

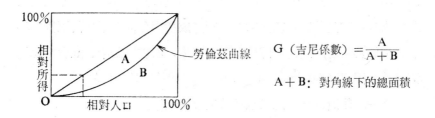

$$G（吉尼係數）= \frac{A}{A+B}$$

$A+B$：對角線下的總面積

「勞倫茲曲線」基本上是由相對人口佔總人口的比例，和此相對人口所佔的總所得比例而畫出來。假定人口依所得高低，由低往高排列（即依圖形橫軸由左往右排列），由於所得是由低往高排列，因此由相對人口比例與其相對所得的相交點一定在對角線下（除非每個人的所得一樣，若如此，則其相交點恰好在對角線上），而依各別相對人口與相對所得的相交點（例如：1%、2%、3%………100%）所畫成之曲線即是勞倫茲曲線。吉尼係數基本上即是對角線與勞倫茲曲線之面積（即A）除以對角線下之總面積（即A＋B）。因此，若勞倫茲曲線彎曲幅度愈大，即A面積愈大，吉尼係數將愈高，此表示所得愈不平均，反之，則愈平均。

三、所得分配不均的原因

通常而言，學者們探討所得不均，主要從個體與總體來看。從個體方面而言是指所得差異，而從總體方面而言則指所得分配不均，本節先探討所得分配不均的原因，而後再探討所得差異的原因。首先從所得分配而言，所謂不均，主要有三種型態： (a) 有錢的太有錢，佔國民總所得很高的比例； (b) 貧窮的人太貧窮，因而與其他較高所得組有相當大的差距；和(c) 中間所得組的人口數過少，使社會上的大部份人口，不是貧窮，就是富有。而造成所得分配不平均的因素，不管其型態爲何者，通常可歸納爲三類因素，卽經濟因素、社會文化因素和政治因素 (Adelman and Morris, 1973: 153-154)。

（一）**經濟因素**。此又包括下列幾點因素：

1. 國家的天然稟賦不同而造成所得分配的不平均：例如中東產石油的國家，其財富來源幾乎是全靠石油，而使國家資源操縱在少數人（通常是王室、酋長和其家族）手中。

2. 財稅制度不完善造成所得分配的不均：財稅制度的主要目的之一乃是所得的重分配，以減低所得分配的不均。若制度不完善，重分配的目的，便無法達到，甚至有可能造成富者可以多方逃稅，而使所得分配不均情形更嚴重。我國現行的所得稅制度卽被人批評有此缺失。

3. 人口因素：人口的多寡影響國家的生產率、生產型態和消費市場而可能造成所得分配不均。

4. 各部門（農業、工業、礦業等）的生產率不同，造成所得的不同：例如，若農業部門的生產率低，則可能使農民的收入偏低。

5.　國民平均所得與所得分配有關:　此是著名經濟學者顧志耐 (Kuznets, 1955: 1-28) 所提出來的理論。認為所得不均與經濟成長呈倒 u 型 (reverse u-shaped) 的關係。在經濟發展初期，由於社會還相當窮，卽使富有者也不致於多麼富有，因此所得分配相當平均，卽共貧。經濟起飛之後，產生了不少巨富，因而擴大了貧富之間的差距，結果使所得分配相當不均。而當社會進入高度發展期之後，由於財稅制度（例如: 累進所得稅和遺產稅）和其他制度的改進，因而能發揮財富重分配的功能，而使所得分配不均的情形下降。這種情形，可以下圖表示之:

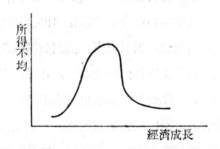

6.　雙重社會和雙重經濟 (social economic dualism): 此指國家的發展呈極端不平衡的現象。有些地方特別發展而成為現代區 (modern sector)，但其他大部份地區仍相當落後，而屬於傳統區 (traditional sector)，因而造成經濟社會之雙重現象，使所得分配相當不均。這種情形，在許多中南美洲的國家，特別顯著。例如，巴西聖保羅市的極端繁華，與其本國境內大部份傳統地區的落後，呈極端強烈的對比。

（二）**社會文化因素**。社會文化因素包含有:

1.　人力資源的改進: 如新學校的設立、衛生醫療的改進，可使

國民的生產率，工作年限提高和生產型態改進而降低所得分配不均。通常我們說教育是廉價而有效的投資，意指如此。

2. 都市化的程度：相對於鄉村而言，都市是比較貧富不均的地方，尤其是新興都市的興起更容易造成貧富不均，例如因炒地皮而成暴發富。

3. 中產階級的重要性：中產階級的收入是介於貧窮者與富有者之間。若中產階級人口佔全國人口比例相當高，且又能發揮其政治力量的話，可使所得不均的情形緩和些。

4. 社會流動的可能性：愈是開放性的社會，人人都有發財致富的機會，其貧富情形可能會較緩和；反之，愈封閉性的社會，其階級與地位常是世襲的 (ascriptive)，例如，印度的喀斯德 (caste) 制度，階級分明，貧者恒貧，富者恒富，而使貧富差距較大。

5. 種族與文化的異質性：一般而言，在種族與文化異質性高的地區，常會因種族、文化的不同而產生貧富不均，例如，美國和南非的黑人與白人的收入不同；又例如在美國，一般而言，清教徒的收入比天主教徒高。此種種族與文化的異質性，容易造成所得分配不均。

（三）政治因素。此可就制度（政治特質）與人（政治領袖的特質）兩方面而言。

1. 政治特質。此又可包括：

（1）政府直接參與經濟活動：例如國營事業，其本身雖可能有許多弊端，如經濟效率低，人謀不臧，不能用專才等。但它有一主要功能，即是節制私人資本，發達國家資本，所以它有避免貧富極端懸殊的作用。

（2）政治參與程度：參與愈高，整個社會力較不易操縱於少數人之手中，則國家的經濟政策較能照顧到中下階層，所以貧富不均可

以較緩和。

（3）工會力量的強度：若工會力量強大，較有能力與資本家議價談判，以提高工資及其他種種福利，因此較能緩和貧富不均。

2.　政治領袖的特質。此可從下列幾點加以討論：

（1）傳統精英份子的強弱：傳統精英份子通常指商業大地主資本家（landed commercial capitalists），若其勢力強大則易使全國的土地及財富集中在這羣人手裏，造成貧富極端的懸殊。很多南美洲國家，例如巴西、阿根廷、智利等等，就是因其本國的商業大地主資本家控制全國的政治經濟，而使其國極端地貧富不均。

（2）政治領袖是否致力於經濟發展：若政治領袖致力於經濟發展且能發揮其政治權力，則較不易受少數財閥的控制。而且，因他所重視的是整個國家的利益，而非少數人之利益，在此情況下，比較不容易造成極端的所得不均。

經濟學者艾德曼與莫里斯（Adelman and Morris, 1973: 141-185）以上述的經濟、社會文化和政治因素做自變數（independent variables），用四十多國的所得分配資料做實證研究，以探討這些因素對所得與分配不均影響的程度。他們所用的所得不均的應變數（dependent variables）為（a）全國人口百分之六十的低收入戶者擁有國民總所得的比例；（b）中間百分之二十五的人口擁有國民總所得的比例；以及（c）最富有的百分之五的人口擁有國民總所得的比例。他們的實證研究發現：影響所得分配的最重要的六個因素，依先後秩序，分別是（1）人力資源的改進；（2）政府直接參與經濟活動；（3）社會經濟的雙重現象；（4）經濟發展的潛能；（5）國民平均所得；和（6）工會的強度（Adelman and Morris, 1973: 184）。

四、臺灣的所得分配

在探討所得分配不均的原因之後，接著讓我們來看，臺灣地區所得分配的情形。臺灣地區平均每戶可支配所得及個人所得按戶數五等分位之分配表，分別如表一和表二：

表一 個人可支配所得之變動

年　別	按 當 年 幣 值 計 算			按 六 十 五 年 幣 值 計 算		
	可支配所得（百萬元）	平均每戶可支配所得		可支配所得（百萬元）	平均每戶可支配所得	
		金　額（元）	定基指數65年=100		金　額（元）	定基指數65年=100
53年	61,524	28,591	24.58	138,101	64,177	55.18
55年	73,012	32,003	27.52	160,571	70,383	60.52
57年	91,378	38,514	33.12	180,091	75,905	65.27
59年	114,819	44,486	38.25	205,510	79,624	68.47
60年	133,775	50,280	43.23	232,329	87,322	75.09
61年	157,694	57,510	49.45	258,770	94,372	81.15
62年	200,652	71,054	61.10	286,605	101,491	87.27
63年	270,339	92,813	79.81	291,974	100,240	86.19
64年	306,580	101,821	87.55	323,601	107,474	92.41
65年	362,501	116,297	100.00	362,501	116,297	100.00
66年	424,856	130,830	112.50	400,204	123,239	105.97
67年	524,811	155,737	133.91	472,037	140,076	120.45
68年	663,496	188,407	162.01	536,158	152,248	130.91
69年	856,760	233,112	200.45	596,463	162,289	139.55
70年	1,019,896	266,433	229.10	634,185	165,672	142.46
71年	1,091,534	275,250	236.68	653,574	164,810	141.71
72年	1,214,383	295,887	254.42	715,100	174,236	149.82

資料來源：中華民國臺灣地區個人所得分配調查報告，民國72年，第23頁。

表二　個人所得按戶數五等分位之分配

單位: %

戶 數 五 等 分 位	五十三年	五十五年	五十七年	五十九年	六十一年	六十三年
1 （最低所得組）	7.71	7.90	7.84	8.44	8.60	8.84
2	12.57	12.45	12.22	13.27	13.25	13.49
3	16.62	16.19	16.25	17.09	17.06	16.99
4	22.03	22.01	22.32	22.51	22.48	22.05
5 （最高所得組）	41.07	41.45	41.37	38.69	38.61	38.63
第五等分位等於第一等分位之倍數	5.33	5.25	5.28	4.58	4.49	4.37

戶 數 五 等 分 位	六十五年	六十七年	六十九年	七十一年	七十二年
1 （最低所得組）	8.91	8.89	8.82	8.69	8.61
2	13.64	13.71	13.90	13.80	13.64
3	17.48	17.53	17.70	17.56	17.47
4	22.71	22.70	22.78	22.68	22.73
5 （最高所得組）	37.26	37.17	36.80	37.27	37.55
第五等分位等於第一等分位之倍數	4.18	4.18	4.17	4.29	4.36

資料來源: 中華民國臺灣地區個人所得分配調查報告，民國72年，第23頁。

　　由表二可以看出，依據行政院主計處編印的中華民國臺灣地區個人所得分配調查報告，民國五十三年第五等分位所得爲第一等分位所得的五‧三三倍，六十一年降爲四‧四九倍，六十五年續降爲四‧一八倍，六十九年最低，爲四‧一七倍。六十九年以後，略爲上升，七十一年爲四‧二九倍，七十二年升爲四‧三六倍。從以上的數字可以

看出，民國五十三年至六十九年，臺灣地區的所得分配有逐漸均等的趨勢。而六十九年以後，則有略為上升之趨勢。

另外，我們也可以由吉尼集中係數去衡量所得分配不平均度。此項係數是介於一與零之間，係數愈大，表示所得分配不均程度愈高，若係數愈小，表示不均程度愈低。依據中央研究院三民主義研究所及行政院主計處的中華民國臺灣地區個人所得分配調查報告資料指出，民國四十二年，臺灣地區所得分配的吉尼集中係數為零點六二，顯示當時所得分配相當不均；民國四十九年，此係數降到零點五二，所得分配情況已略有改善，五十五年為零點三六，至六十五年降為零點三一，六十五年以後均維持在零點三一左右變動。顯示臺灣地區的所得不均情形，隨著高速的經濟發展而日趨緩和及穩定。

而造成臺灣所得分配不均情形逐漸緩和的原因，主要有下列幾點：

（一）**所得結構的變動**：一般而言，家庭收入大致包括兩種，一種是薪資所得（包括薪資、工資、福利等項），另一種是財產所得（包括利潤所得與利息所得）。一般而言，財產所得收入多者，每成為高所得家庭，而財產所得的不平均度遠較薪資所得的不平均度為高。薪資所得者，不管是從非技術工人到技術工人，或者從基層公務員到高級公務員，其收入差距比較有限。近二、三十年來，我國臺灣地區個人所得，隨經濟快速成長而逐年增加。但是，由於薪資所得佔全國總所得的比率逐漸增加，而薪資所得者的所得分配比財產所得者的所得分配較為平均，因此，也連帶使全國總所得的分配漸趨平均(Pyatt, et. al., 1980)。

一般而言，像韓國、香港、新加坡等地區，高薪資與低薪資約相差十倍左右，日本地區相差十五倍，而美國則相差達四十倍，但臺灣

僅僅相差還不到四倍，有過度平等而成爲孫中山先生所說的齊頭式的
平等，因而反造成不公平的現象。

（二）**教育普及和教育程度的提高**：不少學者們（Adelman and
Morris, 1973: 141-185; Meyer, 1977）的研究均指出，教育普及和
教育程度的提高，有助於降低所得的不均。因爲教育的普及和教育程
度的提高，代表人力資源的改進，使人民增加獲得較高技術與專業訓
練的機會，因而促進經濟發展與所得分配的平均。因此，不少學者認
爲教育乃是促進經濟發展最便宜又有效的投資。近幾十年來，臺灣地
區人民受教育的普及和教育程度的提高，是不爭的事實。結果，一方
面既促進經濟的快速發展，另一方面緩和所得分配的不均。

（三）**國營事業的發達**：最近，一些國營事業因發生鉅額虧損而
倍受指責。批評者認爲造成鉅額虧損的主要原因爲投資不當，致資本
報酬率低落，人謀不臧，政治酬庸性質十分濃厚，而不能任用專才等
等。這些批評的重點在於指責國營事業的經濟效率不高。然而，國營
事業對我國邁向均富社會的過程中，有其不可磨滅的貢獻。在民國七
十年以前，國營事業對經濟發展的主要貢獻爲促進資本累積，培養企
業人才，產生經濟的連鎖效果等等。而國營事業對緩和所得分配不均
的貢獻，也是它設立的重大目標之一。國營事業的作用在於發達國家
資本，節制私人資本壟斷經濟利益，使大財閥不易出現，因此，緩和
臺灣地區在經濟發展過程中可能造成的所得分配不均。

（四）**土地改革的貢獻**：我國臺灣地區的土地改革，常爲世人所
讚揚。我國的土地改革，從三七五減租、公地放領，到耕者有其田，
政策陸續推行之後，結果它消除了地主階級，使許多農民由佃農轉爲
自耕農，因此，使傳統社會裏地主與佃農財富懸殊的情形消失，促進
了農村地區所得的平均。另外，由於許多農民由佃農轉爲自耕農，土

地變爲己有，因而提高了他們的生產意願及生產力，此爲土地改革的
主要貢獻。但一九七〇年代以後，土地問題逐漸產生，當初它所發揮
的一些作用反而成了反作用。 例如， 當初爲了防止大地主的壟斷土
地，規定每位農民只能擁地三甲，而由於臺灣人民的家族繼承制度乃
諸子平分制，所以經過幾代的分家之後，造成臺灣的土地支離破碎，
以致無法大規模經營耕作等等，因而有第二次土地改革之議。然而，
在我國臺灣地區早期經濟發展的階段，土地改革的實施，對於促進經
濟發展與所得分配平均的貢獻，是不可否認的。

五、臺灣地區所得分配衡量的檢討與建議

如前所述，我國臺灣地區的所得分配，不論是用高低所得組的差
距倍數，或者是用吉尼集中係數衡量，均顯示出下降的趨勢。然而，
這似乎與許多人日常生活的經驗相反。 例如 不少人可能覺得一屋難
買，卻有不少豪門大戶，出入以進口轎車代步，過著極端奢侈豪華的
生活，而使人們懷疑臺灣地區的所得分配，是否真如吉尼集中係數所
顯示出來的日趨下降。爲回答此問題，我們必須稍微檢討高低所得組
的差距倍數和吉尼集中係數本身所代表的意義。

高低所得組的差距倍數和吉尼集中係數的衡量所得不均情形，並
非純然只是測量「均」的指標，而是測量「均」與「富」的指標（陳
寬政，1983）。換言之，它同時受平均國民所得的高低與各高低所得
組間的所得差額的影響。在其他條件不變之下，平均國民所得增加，
必導致高低所得組差距倍數和吉尼集中係數的下降。臺灣地區的高低
所得組差距倍數和吉尼集中係數的下降，基本上乃是由於平均國民所
得的上昇，促使此倍數或係數的下降，而非各高低所得組間的所得差

額的影響。事實上，臺灣地區高低所得組間的所得差額，不但沒有下降，反而上昇，只不過各組間的所得差額擴大的速度還沒超過平均國民所得增加的速度，因而，使高低所得組的差距倍數和吉尼集中係數仍是下降。而一般人們所以有貧富差距日益擴大的感覺，乃是基於臺灣地區各高低所得組間的所得差額的絕對值擴大之故。讓我們舉一例來說明此現象，假定某一地區的國民實質所得，其最高所得組為十萬元，最低所得組為一萬元，則其最高與最低所得組的差距為十倍，絕對差為九萬元；幾年之後，其最高所得組的實質所得增至廿萬元，最低所得組增至四萬元，則其差距倍數由原來的十倍降為五倍，但是其絕對差卻由原來的九萬元增至十六萬元。臺灣地區的情形即是如此。依照上述主計處的資料，在 1964 年，臺灣地區的最低所得組的平均所得為新臺幣一萬四千八百二十四元，最高所得組為七萬八千七百一十二元（均為實質所得）相差 5.4 倍，絕對差為六萬三千八百八十八元；在1976年，最低所得組為三萬零四百六十三元，最高所得組為十二萬九千一百九十一元，倍數雖然下降為 4.2 倍，但是絕對差卻擴大為九萬八千七百二十八元，比1964年的絕對差增加三萬四千八百四十元，顯示出若以絕對差計算，則臺灣地區貧富不均的情形，有愈來愈擴大的趨勢。

　　因此，如果人們日常生活對所得不均的感覺是基於絕對差的話，則會有貧富差距愈來愈擴大的感覺。所以，用高低所得組的差距倍數或吉尼集中係數分析一個國家的所得分配情形，最好能够與同一所得水準的其他國家比較，以消除所得水準對此倍數或係數的影響。如果某一國家所得分配的吉尼係數比同一所得水準的其他國家為低，則表示此一國家的所得分配比其他同一所得水準的國家較為公平。而且就社會公平與人類正義的立場而言，強調社會流動的機會均等可能比強

調所得差距的實質均等更為重要。因為一個社會，如果其貧富差距並非很大，但是其人民的地位生下來即被確定，如古代印度的喀斯得制度一樣，婆羅門之子永為婆羅門，賤民之子永為賤民，無改變其地位的可能，則此社會，雖有實質的均等（貧富差距不大），但無機會均等（無社會流動），仍是個相當不公平的社會。因此，就社會學而言，實質均等與機會均等的研究，皆應屬於社會階層的主要研究領域，二者均不可偏廢。而關於機會均等的研究，我們將在本書第二大部份，即社會流動諸章中，加以探討。

六、所得差異

以上我們所介紹的，比較屬於總體方面的所得分配情形，下面我們來討論個體方面，即造成個人所得不均的原因。大致上我們可從收入 (earning) 與財產 (wealth) 兩方面來看。前者偏向於薪資所得者，即受雇者；後者偏向於財產所得者，即雇主（資本家）。

首先，從收入的觀點來看造成個人所得差異的原因。在解釋收入差異的理論方面，經濟學上有所謂「人力資本理論」(human captial theory)，而社會學上有所謂「地位取得研究」(status attaintment research)。基本上兩者皆偏向於探討影響所得差異的個人的因素 (individual factors)，所謂個人因素，例如：教育和工作經驗；人力資本論者 (Becker, 1964; Mincer, 1974) 將教育當作一種投資，而日後的工作所得即為報酬；而地位取得研究者(Blau and Duncan, 1967; Sewell and Hauser, 1975) 的重心乃在探討社會流動，附帶也探討造成所得差異的因素。這些因素包括教育程度、年齡、性別、智商、家庭背景、出身、城鄉地區的差距等等，皆會造成所得差異。

大體而言，以上所指皆為個人因素。另外，從結構因素而言，例如：勞力市場及政府干預也會影響所得差異。進入不同的勞力市場（初級勞力市場或次級的勞力市場）、不同的產業，陞遷機會和待遇皆很可能不同。另外，政府干預因素，若政府能多為工人設想，提高工人的最低工資，則工人收入就會好些。再者，從社會結構變遷的因素而言，例如所謂「沒落的王孫貴族」、「新興的商場新貴」、「暴發戶」等等皆代表著社會變遷、經濟的轉型，這些情形，從個人而言，也許是他個人的運氣，但從整體而言，乃是整個經濟的發展所帶來的結果。

以上我們探討收入（earning）方面的差異。另一方面，從財產（wealth）的觀點來看個人所得差異的因素。由於財產資料極不易掌握，中外皆然。通常我們較不易了解造成財產差異的原因。在傳統經濟學中，認為造成財產差異，是因為收入高於消費，所以就有儲蓄，儲蓄慢慢累積，然後拿去投資，再賺取投資報酬，因而逐漸發財致富。這是傳統的理論，但是它難以說明，財產如何一下子累積得很快。因為依此理論，要成為富翁可能需要一段長期的時間，但這與實際情形可能會有出入。一個人通常會在短短幾年內發大財，發大財之後就很難再一次的發大財。在此情況下，美國經濟學家 Thurow（1975）提出了所謂的「漫步論」（random walk theory）來解釋，此理論乃是從財政學的理論而來。此理論的重心是說每個產業的投資報酬率不會一樣（different rate of return），例如，在美國，其產業的平均投資報酬率最高的是藥品，一九七二年達 18.55%、煙草製造業是15%、木材業是 15.88%、汽車業是 14.45%，這些不同的投資報酬率，最高的是 18.55%，而最低的只有 6.05%（鋼鐵業）。所以，簡言之，第一，各行各業的投資報酬率不一樣；第二，即使是

同一行業，不同公司，其投資報酬也不一樣。因此，投資者他會選擇一個投資報酬率較高的行業或公司來投資。再舉一例而言，假定臺灣的房地產業和電腦業，在剛開始時，差異可能很大，漸漸地，愈來愈多的資本湧進市場，投資報酬率就漸漸平均，所以，簡而言之，若能早一步得到商場訊息，投資得早和正確，便會因此而發跡起來，此稱之為瞬息發生的財富 (instantaneous wealth)。瞬息發生的財富，最典型的型態就是一個人突然間發大財，然後逐漸穩定下來而做多角化 (diversification) 的經營發展。這種情形下，個人的才能最多只是一個必要條件，並不是所有有能力的人都能發跡，要能發跡，多多少少還是需要靠點因緣機會，這就是所謂的「漫步論」。

最後讓我們作個總檢討，探討財富分配是否均等，目前一個很重要的因素就是探討是否有發財的機會；我們說財富分配是否均等，注重的是實質的均等，而每個人是否都有發財的機會，此乃在於機會的均等，也就是說是否有社會流動的機會，美國的資本主義基本上就是建立在此觀點上，他們之所以能忍受不均，乃因為他們認為美國社會是相當開放的，人們只要肯努力，都有發財致富的機會。他們認為有發財致富機會比財富不均來得重要。而機會均等又牽涉到許多因素，包括社會是否為開放性社會，教育均等，遺產稅的課徵和累進所得稅等等。

所以，我們在探討所得分配或社會階層的經濟方面時，必須同時注重實質方面的均等及機會的均等，二者均不可偏廢。

參 考 資 料

邊裕淵

　　1979　「臺灣所得分配之研究」，中央研究院三民主義研究所叢
　　　　　刊 (1)。

張漢裕

　　1978　「臺灣經濟成長中家庭所得及消費支出之差距變化」，臺灣
　　　　　所得分配會議論文集，177-218 頁。臺北：中央研究院經濟
　　　　　研究所。

陳寬政

　　1983　「經濟發展與所得分配：均與富之辨」，第三次社會指標研
　　　　　討會論文初稿。臺北：中央研究院三民主義研究所。

Adelman, Irma and C. T. Morris

　　1973 *Economic Growth and Social Equity in Developing Countries.* Stanford University Press.

Atkinson A. B.

1975 *The Economics of Inequality*. London: Oxford University Press.

Becker, Gary

　　1964 *Human Capital*. New York: Columbia University Press.

Blau, Peter and Otis Dudley Duncan

　　1967 *The American Occupational Structure.* New York: Wiley.

Kuznets, Simon

1955 "Economic growth and income inequality." *American Economic Review* 45 (March): 1-28.

Meyer, John, W.

1977 "The effects of education as an institution." *American Journal of Sociology* 83: 55-77.

Pyatt, Graham, Chau-nan Chen and John Fei

1980 "The distribution of income by factor components." *The Quarterly Journal of Economics*, November, 451-73.

Sewell, William H. and Robert M. Hauser

1975 *Education, Occupation, and Earnings.* New York: Academic Press.

Thurow, Lester

1975 *Generating Inequality.* New York: Basic Books.

附錄一　臺灣前100名企業（依營業收入排名）

排名 RANK		公司名稱 COMPANY		營業收入 SALES
1984	1983			臺幣億元 NT$100 MILLION
1	1	中國石油	Chinese Petroleum Corp.	2,238.00
2	3	臺灣省菸酒公賣局	Taiwan Tobacco & Wine Monopoly Bureau	646.75
3	4	中國鋼鐵	China Steel Corp.	413.85
4	5	南亞塑膠	Nan Ya Plastics Corp.	366.95
5	6	榮民工程處	Ret-ser Engineering Agency	261.52
6	10	臺灣塑膠	Formosa Plastics Corp.	237.41
7	9	臺灣糖業	Taiwan Sugar Corp.	199.81
8	11	臺灣化學纖維	Formosa Chemicals & Fibre Corp.	196.97
9	7	大同	Tatung Co.	195.44
10	12	裕隆汽車製造	Yue Loong Motor Co., Ltd.	177.95
11	8	中國造船	China Shipbuilding Corp.	162.59
12	13	遠東紡織	Far Eastern Textile Ltd.	161.20
13	15	統一企業	President Enterprises Corp.	127.93
14	18	中美和石油化學	China American Petrochemical Co., Ltd.	118.37
15	19	中國石化工業開發	China Petrochemical Development Co.	116.00
16	21	臺灣松下電器	Matsushita Electric Taiwan Co., Ltd.	107.88
17	16	臺灣水泥	Taiwan Cement Corp.	106.33
18	14	中華工程	BES Engineering Corp.	99.68
19	17	福特六和汽車	Ford Lio Ho Motor Co., Ltd.	98.63
20	20	中興紡織廠	Chung Shing Textile Co., Ltd.	96.13
21	28	華隆	Hualon Corp.	93.87
22	23	聲寶	Sampo Corp.	89.84
23	24	臺灣美國無線電	RCA Taiwan Ltd.	86.50
24	22	三陽工業	San Yang Industry Co., Ltd.	85.33
25	25	臺灣肥料	Taiwan Fertilizer Co., Ltd.	76.52

排 名 RANK		公 司 名 稱 COMPANY		營業收入 SALES
1984	1983			臺幣億元 NT$10) MILLION
26	27	味全公司	Wei-chuan Food Co., Ltd.	70.34
27	33	東元電機	Teco Electric & Machinery Co., Ltd.	70.22
28	30	唐榮鐵工廠	Tang Eng Iron Works Co., Ltd.	67.09
29	26	亞洲水泥	Asia Cement Corp.	64.43
30	29	永豐餘造紙	Yuen Foong Yu Paper Mfg Co., Ltd.	63.16
31	39	德州儀器工業	Texas Instruments Taiwan Ltd.	62.74
32	38	臺灣通用器材	General Instrument of Taiwan Ltd.	62.64
33	42	國泰建設	Cathay Construction Co., Ltd.	59.56
34	36	國泰塑膠工業	Cathay Plastic Industry Co., Ltd.	59.51
35	34	台元紡織	Tai Yuen Textile Co., Ltd.	57.64
36	50	春源鋼鐵	Chun Yuan Steel Industry Co., Ltd.	55.14
37	46	中國力霸	China Rebar Co., Ltd.	54.92
38	31	臺灣三洋電機	Sanyo Electric (Taiwan) Co., Ltd.	54.47
39	52	太平洋電線電纜	Pacific Electric Wire & Cable Co., Ltd.	52.03
40	47	福懋興業	Formosa Taffeta Co., Ltd.	51.94
41	43	中華汽車工業	China Motor Co.	50.57
42	32	臺灣華納利	Atari Taiwan Mfg Corp.	50.54
43	63	臺灣飛利浦建元電子	Philips Electronic Building Elements Ind. (Taiwan) Ltd.	50.40
44	37	臺灣聚合化學	USI Fareast Corp.	49.98
45	48	福聚	Taiwan Polypropyieni Co., Ltd.	48.64
46	45	華新麗華電線電纜	Walsin Lihwa Electric Wire & Cable Corp.	47.83
47	119	臺灣歐麗旺電機	Orion Electric (Taiwan) Co., Ltd.	47.65
48	41	臺灣機械	Taiwan Machinery Mfg Corp.	47.62
49	60	正隆股份有限	Cheng Loong Co., Ltd.	46.86

排名 RANK		公司名稱 COMPANY		營業收入 SALES
1984	1983			臺幣億元 NT$100 MILLION
50	57	臺灣飛利浦電子	Philips Electronics Industries (Taiwan), Ltd.	46.69
51	56	嘉新麵粉	Chia Hsih Flour Feed & Vegetable Oil Co.	46.53
52	62	新光合成纖維	Shinkong Synthetic Fibers Corp.	45.52
53	44	高興昌鋼鐵	Kao Hsing Chang Iron & Steel Corp.	45.09
54	40	大成長城企業	Great Wall Enterprise Co., Ltd.	45.09
55	35	臺灣金屬礦業	Taiwan Metal Mining Corp.	43.37
56	71	艾德蒙海外	AOC International	43.15
57	54	華夏海灣塑膠	China General Plastics Corp.	41.75
58	64	洽發實業	Chia Fha Industry Co., Ltd.	41.27
59	76	太子汽車工業	Prince Motors Co., Ltd. Taiwan	40.88
60	66	臺南紡織	Tainan Spinning Co., Ltd.	40.43
61	51	中國海灣油品	China Gulf Oil Co.	40.12
62	58	中華紙漿	Chung Hwa Pulp Corp.	39.60
63	—	臺灣雅聞工業	Arvin (Taiwan) Ltd.	39.30
64	55	臺灣有力電子	Uniqen Corp of Taiwan	37.87
65	99	奇美實業	Chi Mei Industrial Co., Ltd.	37.25
66	92	東雲公司	Tuntex Distinct Corp.	36.43
67	74	立大農畜	Lee Tah Farm Industries Co., Ltd.	36.13
68	82	臺灣凱普電子	Capetronic (Taiwan) Ltd.	36.04
69	70	味王	Ve Wong Corp.	35.35
70	116	三富汽車工業	San Fu Motors Industrial Co., Ltd.	35.07
71	53	羽田機械	Yeu Tyan Machinery Mfg. Co., Ltd.	34.64
72	68	臺灣苯乙烯工業	Taiwan Styrene Monomer Corp.	34.54
73	61	臺灣鋁業	Taiwan Aluminium Corp.	34.32
74	—	光陽工業	Kwang Yang Industry Co., Ltd.	34.13

排名 RANK		公司名稱 COMPANY		營業收入 SALES 臺幣億元 NT$100 MILLION
1984	1983			
75	73	臺灣日立電視工業	Hitachi Teievision (Taiwan), Ltd.	34.00
76	78	新光紡織	Sinkong Spinning Co., Ltd.	33.68
77	65	臺灣合成橡膠	Taiwan Synthetic Rubber Corp.	33.60
78	49	嘉新水泥	Chia Hsin Cement Corp.	33.25
79	72	泰山企業	Tay Shan Enterprise Co., Ltd.	33.20
80	75	長春石油化學	Chang Chun Petrochemical Co., Ltd.	32.69
81	137	迪吉多電腦	Digital Equipment Taiwan Ltd.	31.62
82	59	黑松	Hey-song Corp.	31.59
83	475	國喬石化	Gaand Pacific Petrochemical Co., Corp.	31.54
84	103	東聯化學	Oriental Union Chemical Corp.	30.24
85	145	臺灣王安電腦	Wang Laboratories (Taiwan), Ltd.	29.89
86	95	燁興企業	Yieh Hsing Enterprise Co., Ltd.	29.83
87	97	臺灣增你智	Zenith Taiwan Corp.	29.66
88	289	奎茂	Qume Corp Taiwan	29.60
89	110	金寶電子工業	Cal-comp Electronics Inc.	29.57
90	86	朝陽木業	Sunrise Plywood Corp.	29.20
91	205	中鼎工程	CTCI Corp.	29.07
92	91	太平洋建設	Pacific Construction Co., Ltd.	28.89
93	83	正新橡膠	Cherg Shin Rubber Ind., Co., Ltd.	28.85
94	124	潤泰工業	Ruentex Industries Ltd.	28.79
95	174	三井工程	San Ching Engineering Co., Ltd.	28.60
96	89	臺灣玻璃工業	Taiwan Glass Ind., Crop.	28.60
97	81	臺灣省林務局	Taiwan Forestry Bureau	28.47
98	87	臺灣佳能	Canon Inc. Taiwan	28.22
99	79	歌林	Taiwan Kolin Co., Ltd.	27.50
100	84	保利化學	Poly Chemical Co., Ltd.	27.46

資料來源：天下雜誌，1985年8月1日，113-116頁。

附錄二　美國前 100 名企業（依營業收入排名）

RANK 1984	RANK 1983	COMPANY	SALES $THOU-SANDS
1	1	Exxon (New York)	90,854,000*
2	2	General Motors (Detroit)	83,889,900
3	3	Mobil (New York)[1]	56,047,000*
4	4	Ford Motor (Dearborn, Mich.)	52,366,400
5	6	Texaco (Harrison, N.Y.)[2]	47,334,000
6	5	International Business Machines (Armonk, N.Y.)	45,937,000
7	7	E.I. du Pont de Nemours (Wilmington, Del.)	35,915,000
8	·	American Tel. & Tel. (New York)	33,187,500
9	10	General Electric (Fairfield, Conn.)	27,947,000
10	8	Standard Oil (Indiana) (Chicago)	26,949,000*
11	9	Chevron (San Francisco)[3,4]	26,798,000
12	12	Atlantic Richfield (Los Angeles)	24,686,000
13	13	Shell Oil (Houston)	20,701,000*
14	21	Chrysler (Highland Park, Mich.)	19,572,700
15	15	U.S. Steel (Pittsburgh)	18,274,000
16	18	United Technologies (Hartford)	16,331,757
17	16	Phillips Petroleum (Bartlesville, Okla.)	15,537,000
18	14	Occidental Petroleum (Los Angeles)	15,373,000
19	19	Tenneco (Houston)	14,779,000
20	17	Sun (Radnor, Pa.)	14,466,000
21	20	ITT (New York)	14,000,988
22	22	Procter & Gamble (Cincinnati)[5]	12,946,000

RANK		COMPANY	SALES
1984	1983		$THOUS- ANDS
23	23	R.J. Reynolds Industries (Winston-Salem, N.C.)	11,902,000*
24	25	Standard Oil (Ohio) (Cleveland)	11,692,000
25	28	Dow Chemical (Midland, Mich.)	11,418,000
26	29	Allied (Morris Township, N.J.)	10,864,000
27	31	Unocal (Los Angeles)	10,838,400
28	30	Eastman Kodak (Rochester, N.Y.)	10,600,000
29	27	Boeing (Seattle)	10,354,000
30	34	Westinghouse Electric (Pittsburgh)	10,264,500
31	32	Goodyear Tire & Rubber (Akron, Ohio)	10,240,800
32	35	Philip Morris (New York)	10,137,800*
33	33	Dart & Kraft (Northbrook, Ill.)	9,758,700
34	42	McDonnell Douglas (St. Louis)	9,662,600
35	37	Union Carbide (Danbury, Conn.)	9,508,000
36	36	Beatrice Foods (Chicago)[7]	9,327,000
37	43	Rockwell International (Pittsburgh)[8]	9,322,100
38	38	Xerox (Stamford, Conn.)	8,971,300
39	41	General Foods (Rye Brook, N.Y.)[9]	8,599,754
40	44	Pepsi Co (Purchase, N.Y.)	8,427,994
41	39	Amerada Hess (New York)	8,277,184
42	45	Ashland Oil (Russell, Ky.)[3]	8,252,564
43	50	Lockheed (Burbank, Calif.)	8,113,400
44	46	General Dynamics (St. Louis)	7,839,000
45	47	Minnesota Mining & Manufacturing (St. Paul)	7,705,000
46	48	Coca-Cola (Atlanta)	7,363,993
47	51	Georgia-Pacific (Atlanta)	7,128,000
48	78	LTV (Dollas)[10]	7,046,100

| RANK | | COMPANY | SALES |
1984	1983		$ THOUS-ANDS
49	49	Consolidated Foods (Chicago)[5]	7,000,310
50	53	W.R. Grace (New York)	6,727,800
51	52	Monsanto (St. Louis)	6,691,000
52	64	Caterpillar Tractor (Peoria, Ill.)	6,576,000
53	55	Anheuser-Busch (St. Louis)	6,501,200*
54	56	Nabisco Brands (Parsippany, N.J.)	6,253,100
55	58	Coastal (Houston)	6,225,362
56	60	Honeywell (Minneapolis)	6,138,300
57	57	Johnson & Johnson (New Brunswick, N.J.)	6,124,500
58	59	Raytheon (Lexington, Mass.)	6,104,159
59	63	TRW (Cleveland)	6,061,691
60	75	Hewlett-Packard (Palo Alto, Calif.)[11]	6,044,000
61	54	Signal Companies (La Jolla, Calif.)	6,005,000
62	65	Aluminum Co. of America (Pittsburgh)	5,750,800
63	77	Texas Instruments (Dallas)	5,741,600
64	62	General Mills (Minneapolis)[12]	5,600,800
65	84	Digital Equipment (Maynard, Mass.)[5]	5,584,426
66	70	Weyerhaeuser (Tacoma, Wash.)	5,549,738
67	81	Motorola (Schaumburg, Ill.)	5,534,000
68	69	Bethlehem Steel (Bethlehem, Pa.)	5,392,100
69	66	Sperry (New York)[9]	5,237,900
70	86	Champion International (Stamford, Conn.)[13]	5,121,089
71	76	Control Data (Minneapolis)	5,026,900
72	71	Ralston Purina (St. Louis)[8]	4,980,100
73	72	Colgate-Palmolive (New York)	4,909,957
74	83	Archer Daniels Midland (Decatur, Ill.)[5]	4,906,962

RANK		COMPANY	SALES
1984	1983		$ THOUS-ANDS
75	74	Litton Industries (Beverly Hills, Calif.)[14]	4,899,526
76	82	Burroughs (Detroit)	4,808,300
77	67	Gulf & Western Industries (New York)[14]	4,805,600
78	73	American Home Products (New York)	4,804,299
79	104	International Harvester (Chicago)[11]	4,802,347
80	80	International Paper (New York)	4,715,600
81	85	Borden (New York)	4,568,018
82	87	Armco (Middletown, Ohio)	4,543,100
83	89	Diamond Shamrock (Dallas)	4,483,200
84	79	American Brands (New York)	4,474,977*
85	94	Martin Marietta (Bethesda, Md.)	4,416,526
86	92	Deere (Moline, Ill.)[11]	4,399,168
87	90	CPC International (Englewood Cliffs, N.J.)	4,373,300
88	97	North American Philips (New York)	4,326,000
89	103	PPG Industries (Pittsburgh)	4,242,000
90	96	IC Industries (Chicago)	4,233,700
91	105	American Motors (Southfield, Mich.)	4,215,191
92	93	Bristol-Myers (New York)	4,189,400
93	111	Emerson Electric (St. Louis)[3]	4,178,810
94	102	Pillsbury (Minneapolis)[12]	4,172,300
95	95	Firestone Tire & Rubber (Akron, Ohio)[11]	4,161,000
96	98	Agway (DeWitt, N.Y.)[5]	4,101,458
97	101	NCR (Dayton, Ohio)	4,074,327
98	100	H.J. Heinz (Pittsburgh)[16]	3,953,761
99	106	Borg-Warner (Chicago)	3,915,600
100	107	American Cyanamid (Wayne, N.J.)	3,856,726

資料來源: Fortune, April 29, 1985.

附錄三　　1984 年美國鉅富前廿名排行榜

排　　　　　　　　　　　　　行	財產（美元）
1.　Gordon Peter Getty	41億
2.　Sam Moore Walton	23億
3.　David Packard	18億
4.　Henry Ross Perot	14億
5.　Nelson Bunker Hunt	14億
6.　Margaret Hunt Hill	14億
7.　Canoline Hunt Schoellkopf	13億
8.　An Wang（王安）	12億
9.　David Rockefeller	10億
10.　William Herbert Hunt	10億
11.　Philip F. Anschutz	10億
12.　Marvin Davis	10億
13.　William Redington Hewlett	9,200萬
14.　Harry Brakmann Helmsley	9,000萬
15.　Donald Joyce Hall	7,500萬
16.　Michel Friboung	7,500萬
17.　Samuel Inving Newhouse Jr.	
18.　Donald Edward Newhouse	共15億
19.　Laurance Spelman Rockefeller	7,000萬
20.　Samuel Jayson LeFrak	7,000萬

資料來源：Forbes, October 1. 1984.

附錄四　1985 年美國鉅富前廿名排行榜

排　　　　　　　　　　　　　　　行	財產（美元）
1. Sam Moore Walton	28億
2. Henry Ross Perot	18億
3. David Pockard	15億
4. Margaret Hunt Hill	14億
5. Caroline Rose Hunt Schoellkopf	13億
6. Samuel Inving Newhouse Jr.	
7. Donald Edward Newhouse	兄弟共22億
8. David Rockefeller	略高於10億
9. Henry Lea Hillman	略高於10億
10. John Werner Kluge	略高於10億
11. Harry Brakmann Helmsley	10億
12. Marvin Davis	10億
13. Warren Edward Buffett	10億
14. Leslie Herbert Wexner	10億
15. Gordon Peter Getty	略低於10億
16. Philip F. Anschutz	略低於10億
17. Barbara Cox Anthony	9,500萬
18. Anne Cox Chambers	9,500萬
19. Nelson Bunker Hunt	9,000萬
20. Forrest Edward Mars Sr.	
20. Forrest Edward Mars Jr.	父子三人共26億
20. John Franklyn Mars	

資料來源：Forbes, Oct. 28, 1985.

第五章 社會階層化的主要層面：
㈡政治面

一、前言

　　政治方面的社會階層，是指權力的分配問題。所以，首先，我們須先了解「權力」（power）一辭。所謂權力，一般的看法，是指有能力去影響社會活動（Olsen, 1970: 3）。通常我們從兩方面來探討權力：（一）是指所下的決定對別人有約束力。也就是說，在某個情境下，當面對問題的決策時，你所下的決定對別人有約束力，卽代表你具有某種權力；（二）有能力使有問題之事變成沒問題，甚至於認為是理所當然。也就是說，社會的約束力對你不生效。例如，美國的水門事件，在民主國家中，「王子犯法與民同罪」，總統犯法照樣下臺。但是在某些權力鞏固的國家中，總統竊聽就不可能被揭發出來，甚至於被認為是理所當然之事，沒什麼不對。此卽表示其權力特別大，甚至於達到極權之地步。

　　另外，還有一辭，與權力之關係非常密切，卽「權威」。所謂「權威」（authority），是指合法的權力。基本上，權威的形成，主要是來自下列三個要素：（一）傳統的價值，包括信仰、規範、習慣

等，大家共同一致的看法；（二）法律上的權力，基於社會上人們理性的同意，而賦予權威；（三）專業的權力：因具有專業知識與技能而得到的權威。

瞭解權力與權威之後，讓我們來探討權力在當代社會中分配的情形。我們將當代社會分為西方民主國家與共產國家，分別加以探討。

二、民主國家的權力分配：多元權力論

首先，我們先探討資本主義的民主國家，其權力的分配是否平等。當代學者對這方面的探討，大致上，發展出兩種理論，一是多元權力論(Pluralistic power theory)，一是精英理論 (Elitist theory)。

首先，我們先來探討多元權力論,此論派的代表人物有 Tocqueville (1961)、R. Nibet (1953)、W. Kornhauser(1959)及Galbraith (1956)等人。此理論的中心論點有二:

（一）在當代民主社會中，權力是相當分散的，而非集中的。他們認為要達到權力均等，並不需要如馬克斯所言，必須經由革命來達到無產階級社會，只要廣泛地多元化來降低權力的集中，就可避免馬克斯式的激烈革命。

（二）廣泛的多元化是近代民主政治的社會基礎。多元權力論主要是從法國政治學者托克維爾 (Alexis de Tocqueville) 所著「美國的民主」 (*Democracy in America*) 發展而來。托克維爾在此書中，強調美國社會因未經過封建社會，所以沒有貴族的產生。在封建社會中，君王與平民經由貴族和其他幾層權威而連接起來，因而使整個社會整合在一起。而美國社會因為沒有貴族階級，也就沒有這種整合的力量，所以容易演變成羣眾平等 (mass equality)，而造

成羣眾的暴政。 在此情況下, 由於每個人都很自由, 甚至太過自由反而造成人人不自由的可能。 因爲太平等, 以致失去了約束力, 而造成對整個社會不利。因此, 爲了避免此後果, 托克維爾強調應該加強「中介團體」 (intermediate groups) 以代替傳統的貴族階級, 以成爲社會整合的主要來源。所謂中介團體, 是指在人民與政府間一種私人性質的團體, 它是相當具有自願性、獨立性且具有特殊利益的一種團體。例如: 消費者團體、鄰里社區、 同業公會等。 在多元社會中, 就是藉著中介團體的廣泛擴散 (proliferation), 以傳播訊息和相互影響而達到社會溝通與整合。

因此, 中介團體的功能, 可從下列個人、政府與整個社會三方面來看 (Olsen, 1970: 184-185):

(一) 對個人而言, 中介團體所扮演的功能爲:

1. 使人民知道各式各樣的訊息。

2. 使有共同興趣與利益的人能整合在一起, 共同努力, 如工會。

3. 使人民有表達意見的工具或組織力量。

4. 使此團體的領袖能有效地表達團體意見。

5. 使個人免於受整個政治精英的操縱。

(二) 對政府而言, 中介團體對政府的功能爲:

1. 經由中介團體, 使政府知道社會上的一些消息。例如: 羣眾利益爲何? 人民關心什麼? 主要活動有那些等等。

2. 使政府有效地將其政策傳播到社會的各行各業去。

3. 使政府免於受羣眾運動的左右。

(三) 對整個社會而言, 中介團體所發揮的功能爲:

1. 使政府或多或少要依賴人民的期望作反應。

2. 緩和各種衝突。

3. 使社會免於操縱於少數人手中。

4. 維持社會的穩定性。

5. 使社會在緩和中變遷，而沒有激烈的改革。

而中介團體的大小 (size)，原則上，最好是一方面是希望小到人民可以直接參與，另一方面，又希望大到足以影響政府的地步，但往往實際情形與理想是有一點距離的。

至於多元社會的特質為何，學者們認為多元社會具有下列特質：

（一）橫切或重疊的會員資格 (crosscutting or overlapping memberships)：此意即社會的精英份子，並不是特別集中於某些身份、年齡或性別的人們身上。也就是說，在多元社會中，精英份子的組成，是來自各行各業、各種教派等等，並不會特別壟斷於一特殊的團體。

（二）功能的互相依賴(functional interdependence)：多元社會中，必須透過各行各業的相互依賴，才能達到社會整合的功能。

（三）中介團體，在表達意見時有適當的表達方式，如此才能互相影響。

（四）在此社會中，人民的教育程度高，因此彼此的溝通較容易達成。

（五）大眾傳播工具相當發達。

（六）人民對於現有的政治領袖或法律秩序，認為具有合法性。

（七）全體人民具有共同的信仰與規範。

而多元社會是否真能使權力分散，雖然它已具有了以上能使權力分散的特質，但仍有其困難，其主要困難有二：

（一）多元社會化之後，社會必然有高度的分工與專業化，而在整合的過程中，權力集中似乎又將發生。

　　(二) 中介團體的理想大小 (size)，希望它同時小到能使人民直接參與，又大到可以影響政府，此情形也是很難達成。

　　故在此困難下，經濟學家 Galbraith (1956) 提出「對抗力量」(countervailing power) 的概念，以使權力得以分散。所謂「對抗力量」，就是發展出同等巨大的力量，彼此制衡，免得一方受到剝削。例如，發展出強有力的消費者團體、工會或環境保護運動協會等等，來對抗生產者的利益團體，以相互制衡。

三、民主國家的權力分配：精英論

　　另外一個與多元權力論對立的理論，就是精英論(Elitist theory)。此理論最早可以推溯到柏拉圖的「共和國」及馬基亞維利的「君王論」。而近代的代表人物和其理論則有巴烈圖 (V. Pareto) 的「英才循環論」、G. Mosca的「統治階級論」及 R. Michels 的「寡頭壟斷鐵律論」。基本上，他們三人一致認為在近代社會中，政治權力集中於少數人手中是不可避免的。他們同時也認為，經由社會精英的逐漸循環，社會不必經由階級衝突和徹底的革命，也可產生一些改變。然而，此看法與馬克斯「無產階級的社會」的看法恰好相反。

　　巴烈圖(1935)的「英才循環論」 (circulation of elites)，基本上，他認為所謂英才，都具有一些心理上共同的情緒 (sentiments)，或是非理性的心理餘產 (residues)。這些特質使他成為有權力的人物。而「英才循環論」是指精英是會循環的，既有的精英份子會被另一羣新的精英所取代。其被取代的原因是因為既有的精英掌權之後逐漸腐敗，其所以成為精英的心理特質逐漸消失，而且，其人權也逐漸減少。因此，巴烈圖認為「歷史是貴族的墳場」(history is a graveyard of aristscracies)。 既有的精英終究會被一批具有英才特質的新精英所取代。他的理論多偏向心理學上的探究，從人格特質上來說明掌權的領導人物的心理特性。

Mosca (1939)的「統治階級論」(The ruling class)，一方面也是強調領袖特質，認爲精英份子的人格特質通常是具有野心、努力工作、意志力堅強，且有信心等等。另一方面，他同時也強調家庭背景對精英份子的影響，精英的子女常可經由較好的教育和訓練而享受很多優待和方便。因此，精英家庭常會延續好幾代。

Michels (1962) 提出 「寡頭壟斷鐵律」 (The iron law of oligarchy) 論，是指在當今的社會，由於組織愈來愈龐大，此結構上的特質，使權力的集中成爲不可避免的現象。「誰說到組織，誰就說到寡頭壟斷」(Whoever says organization, says oligarchy)。他認爲此鐵律之產生，主要可從三方面而言： （一）從結構方面而言：近代的組織具有一種科層制度，權力由上往下分層，權力集中於上層，愈往下則權力愈小；另外， 由於組織愈來愈擴大， 權力也愈來愈集中；再者，由於不同的組織也愈來愈多，因此，更需要一些人來協調與整合這些組織。這些人才即所謂的領袖人才。在此情形下，權力更易集中。 （二）從組織運作方面而言：當組織扮演一些功能時，其領導者從中便能獲得一些利益，從領導的機會中，他不但可以獲得一些技能，同時也有機會建立其社會關係（例如，結識權貴），並且又可以利用許多資源及傳播工具；經由此利益，一方面他自己培養出一些專業技能，另一方面他又可以利用組織中的一些人力物力，所以，他便有能力排除競爭者或將其併吞。因此，領導者的權力也就愈來愈擴張。 （三）從實用方面而言：一方面由於掌權者愈會想盡辦法去鞏固及擴大其權力，另一方面由於被統治者，愈來愈沒有參與感，對權力

沒有興趣，因此而導致權力更為少數人所壟斷。

在當代人物方面，社會學家密爾斯 (C. W. Mills) 對精英理論的詮釋，頗具創見，尤其是針對美國民主社會中精英份子的研究，是最具代表性的。

密爾斯所著的「權力精英」(The Power Elite, 1956) 及「白領階級」(White Collar, 1953) 都是在探討當代美國的權力精英，他將權力精英分成政治、經濟、軍事三方面來探討。

密爾斯所謂的「權力精英」(power elites)，是指居於決策位置上的一羣人，他們的決策具有很大的影響。他認為權力精英雖是決策者，但是否有決策行為的產生並不重要，重要的是擁有這個決策的權力，有時候不下決定的影響可能更大 (Mills, 1956: 4)。密爾斯認為當代美國的全國權力主要是集中於政治、經濟、軍事三方面，因此，此三方面的領導人物即所謂的權力精英。他同時也將權力精英的核心圈，依權力大小加以分層，依次如下 (Mills, 1956: 288-292)：

（一）**跨界型**(in-between type)：最有權力的人，是權力精英的核心人物。他們的權力不僅限於政治、經濟、軍事三者之一，而是跨二者，甚至是三者。他可能是軍事領袖，同時又是政治人物，他影響的範圍不只是在一方面，可能兩方面甚至三方面。而且，他也可以與其他方面的最高人物交替互換領導角色。

（二）**居中聯絡型**(go-between type)：是指居間穿梭於政治、經濟與軍事三個範圍的人物。例如：大公司的律師、銀行家。他們負責去聯絡，團結政治、軍事、經濟方面的最高人物。

（三）**考慮在內者**(those who count)：當你在親自作決定時，會考慮到的那些人。雖然這些人實際上並沒參加你的決策過程，但是你在做決策時，必須考慮到你的決策對他們可能會有何影響，因為，

他們常是雄居一方者。此是權力精英的最外圍份子。

（四）**被拉攏者** (those who are to be lobbied)：這是權力精英的最下層者，或已漸出權力精英之範圍，是指被拉攏的對象。如：國會眾議院的議員、各壓力團體、地方性領導人物等等。在做決策時，他們雖然不必被考慮在內，但最好能加以拉攏、哄騙或提陞者，以使決策能够順利通過和執行。

密爾斯（1956: 19-20）也提出了如何去瞭解權力精英的方法：

（一）**從個人而言**：權力精英是由那些人所組成？他們具有那些社經背景？密爾斯認爲權力精英通常是具有共同的社會背景的，例如他們皆來自上層階級，爲土生美國人，在都市長大，主要來自美國東部，又大多出自長春藤盟校，爲清教徒等等（1956: 279）。因此，他們心理上的特質也很類似，其社會階級意識也是很強烈的。即使他們之間會有派系，但因其存在著共同利益及訓練，而使他們團結在一起。

（二）**從結構而言**：由於權力是與機構配合在一起的，當組織愈來愈擴大，這批權力精英的影響範圍也就愈來愈大。而且機構間的聯繫愈大，他們所能發揮的力量也愈大。反之，如果這些機構是分散和不相互聯結的，則這些權力精英也將是分散不聯結的。

（三）**權力精英之所以能團結在一起**，第一是因爲他們具有相同的背景，第二是因爲團體中具有選擇與訓練權力精英的功能，而第三個因素是因爲這三者的權力精英，其彼此間有很好的聯絡和協調。此聯絡和協調主要是透過三個方式表現出來：（1）政治、經濟和軍事巨頭間溝通頻繁。（2）由居中聯絡者（go-between types）來居中協調。（3）密集的高層次的游說和拉攏。

密爾斯（1956: 12- 13）又探討美國的權力精英在歷史上的一些演變

與特性。首先，從歷史上而言，美國社會由於沒有封建時期，所以沒有貴族階級來對抗資本家。詳而言之：⑴在獨立戰爭時，因獲勝而使英國的貴族無法掌權，終於沒落。⑵因美國總統傑克遜強調各州分權，因此新英格蘭十三州的優越地位逐漸消失。⑶南北戰爭時，又使「棉花貴族」挫敗。因此，美國的貴族始終無法發展起來，而致使資本家的發展一枝獨秀。

再者，在政治精英的權力演變方面，密爾斯認為比起經濟與軍事精英，政治精英是削弱很多；民主成為形式上的民主，而非實質的民主。而相對的，軍事精英由於經常製造一些永久的外來威脅論，而使其權力日趨增高。而關於經濟方面，他認為美國的經濟特性是一種永遠的戰爭經濟，簡言之，即為國防工業，但其國防工業又多為公私合營，所以，其另一種特性，即為私人經濟。因此，經濟精英的力量也愈來愈大。

而就整體而言，三者的力量究竟何者最大？密爾斯解釋他用權力精英而不用統治階級 (ruling class) 之因。他認為統治 (ruling) 為政治層面的，階級則屬於經濟層面的。統治階級意味著經濟階級來統治政治，即為馬克斯的經濟決定論，為了避免此點，所以不用統治階級此一名詞。基本上，他也是認為政治與軍事的精英份子受經濟精英的影響很大，但強調前二者仍具有相當的力量。此與韋伯的看法類似。

繼密爾斯之後，學者們繼續探討美國的權力精英者，為數不少。其中，較為引人注意的有 Domhoff 和 Anderson 二人。Domhoff 所著「誰統治美國？」(*Who rules America?*) 一書中，也繼續探討美國的權力精英。他將密爾斯的理論繼續發揚光大，更提出了許多的實證資料，來說明密爾斯的理論，大致上，Domhoff (1967: 1-11) 對

密爾斯的理論說明有下列幾點：

（一）他認爲上層階級（upperclass）乃是一個社會階級（social class），因爲他們具有相當強烈的共同意識。

（二）他認爲上層階級佔有很高比例的美國財富，他們控制著主要銀行、企業機構。這些銀行、企業機構又操縱著美國的整個經濟。

（三）他認爲上層階級及高級企業主管控制了整個美國的基金會、精英大學、大眾傳播媒介，並控制了一些國會中重要的委員會。同時也控制了政治舞臺，亦卽權力精英受上層階級的影響很大。權力精英主要來自上層階級，卽使有些權力精英不是來自上層階級，但是他們的所作所爲，仍是爲上層階級的利益而服務。因此，歸根究底，眞正統治美國社會的，乃是上層階級，卽 Baltzell（1962）所說的「美國商業貴族階級」（American Business Aristocracy）。

另外， Anderson（1974:216-234）則從馬克斯學派的觀點，說明密爾斯所說的權力精英和馬克斯學派所說的統治階級一詞，乃是同義的。因爲權力精英之所以有權力與統治階級所以能够統治全國，都是因爲他們擁有財產（property）之故。

以上所述，皆是在探討民主國家的權力分配問題，底下我們將探討共產國家的權力分配問題。

四、共產國家的權力分配

探討共產國家的權力分配情形， 最具代表的人物就是吉拉斯（Djilas, M.）。他在所著「新階級」（*The New Class*）一書中對整個共產主義下權力不均的情形，特別是蘇聯的權力不均的情形，有很好的說明。在此，我們僅列出一些最基本的看法。吉拉斯認爲，在共產

主義下，革命成功後，雖然舊式的沙皇統治階級已消失，但同時也產生新階級，此新階級卽是「政治官僚」，其特徵有：

（一）通常而言，階級是先形成之後才掌握到政治權力，但在共產國家中恰好相反，掌握政治權力之後才發展出新階級。

（二）新階級是植根於共產黨。

（三）新階級與新政黨（共產黨）雖不完全相同，但共產黨可說是新階級的核心與基礎。新政黨造成階級，而新階級又依靠新政黨而成長。

（四）新階級的出身是來自無產階級。但是，新階級乃是利用窮人來達到掌權的結果，一旦掌權之後，對窮人的照顧卻又是有限的，他們的照顧只是爲了再利用他們來打擊反革命份子。

（五）新階級的權力擴張是將政治、軍事、經濟及社會力量透過行政特權而完全壟斷。因此，新階級所握有的權力，在西方社會是無一階級可以與之比擬的。

（六）從歷史的演進而言，新階級逐漸對列寧式的革命論或是史達林的教條主義失去興趣，而追求平靜且進步的生活，此卽所謂的修正主義路線（走資派），並且傾向於集體領導(collective leadership)。

參 考 資 料

Anderson, C. H.

1974 *The Political Economy of Social Class.* Englewood Cliffs, New Jersey: Prentice-Hall, Inc.

Baltzell, E. D.

1962 *An American Business Aristocracy.* New York: Collier Books.

Djilas, M.

1957 *The New Class.* New York: Frederick A. Praeger.

Domhoff, G. W.

1967 *Who Rules America?* Englewood Cliffs, New Jersey: Prentice-Hall, Inc.

Galbraith, J. K.

1956 *American Capitalism.* Boston: Houghton Mifflin Company.

Kornhauser, W.

1959 *The Politics of Mass Society.* New York: The Free Press.

Michels, R.

1962 *Political Parties.* New York: The Free Press.

Mills, C. W.

1953 *White Collar.* New York: Oxford University Press.

1956 *The Power Elite.* New York: Oxford University Press.

Mosca, G.

1939　*The Ruling Class.* New York: McGraw-Hill Inc.

Nisbet, R.

1953　*Community and Power.* New York: Oxford University Press.

Olsen, M. E.

1970　*Power in Societies.* New York: The MacMillan Company.

Pareto, V.

1935　*The Mind and Society.* New York: Harcourt, Brace, and Co.

Tocqueville, Alexis de

1961　*Democracy in America.* New York: Shocken Boods.

第六章 社會階層化的主要層面：
㈢社會面

一、前 言

在探討社會階層的社會層面時，通常從聲望(prestige)著手。聲望意指社會榮譽 (social honor) 或地位 (status) 的分佈情形。在任何社會， 個人或社會位置被社會給予不同的評價。 有些人爲社會所尊敬，其看法爲社會所服從；有些人則被社會人們瞧不起。聲望必須是由社會人們所給，無法由其本人自封。就此意義而言，聲望的獲得，其前提需要社會全體人士對那些特性是優良的，爲人所要的有共同一致的看法。因此，聲望的評價，通常反映出一個社會的核心價值，例如對社會的貢獻、財富、教育程度，甚至於種族性、宗教信仰、家庭背景等等。

在社會科學上，韋伯 (Max Weber)是第一個有系統探討聲望或地位與社會階層之關係的學者。韋伯認爲，在社會階層體系裏，聲望可以獨立於財富和權力層面之外，而自成一個層面。韋伯所謂的聲望或地位，是指社會人們對個人或團體的社會榮譽之評價。其重心是在地位團體 (status group)。 地位團體意指享有相同社會榮譽的一羣

人。其所以享有相同或相近的社會榮譽，主要是因為具有共同或相近的特徵，例如相同的家庭背景、敎育或職業等而表現出共同的、獨特的生活方式 (style of life)。因此，獨特而與社會大眾不同的生活方式，成為地位團體分子的首要條件（請參閱本書第二章）。

然而，聲望的現代意義與韋伯等人所探討的傳統意義有點不同。傳統所謂的聲望是比較貴族化，而現在則較平民化。聲望，傳統意義是指一些榮譽性的位置，這些位置可以引起別人的尊敬和服從。例如：國王、王子、大法官、外交官、大學校長、國王特設的講座教授 (regius professor) 等等，這些人代表著國家的核心價值的承擔者 (bearers of central value)，而此種核心價值在慶典中最能表現出來。因此，傳統意義的聲望通常指的是政治結構方面的社會位置和人物。然而，聲望在現代意義已經有所改變，變得較平民化。指的是對核心價值有功能或貢獻的 (function or contribution to central value)社會位置及居於其位者 (Hope, 1982)，而在近代社會裏，最能代表社會位置者，莫過於職業。因此，聲望的研究，乃以職業聲望為主。

然而，韋伯等人對聲望的研究，主要仍限於對聲望的理論描述，而非經驗研究。眞正對職業聲望做有系統地經驗研究者，首推社會人類學者華納 (W. L. Warner)對洋基城 (Yankee City)所做的一系列之研究。華納及其助手(Warner and Lunt, 1941; Warner et. al., 1960; Warner et. al., 1963) 以美國新英格蘭州的一個居民約一萬七千人，名叫 Newbury port 的海港小鎭當做洋基城，進行一系列的聲望研究。

華納以聲望做為社會階層化的主要基礎。而洋基城市民的聲望或社會階層的高低，乃是依據洋基城居民彼此相互評價的結果。華納把

洋基城的居民，分為六個社會階層，從高而低，分別是上上，下上，上中，下中，上下，下下階層。而每個階層，各有與其他階層不同的特性。而且，不同社會階層的人們，也表現出不同的階層行為和社會參與。

　　然而，社會上的人們到底以何標準評價聲望的高低呢？通常[ㅤ]言，人們常透過二個層面來評價（測量）職業聲望(occupational prestige)和社會地位(social standing)：（一）實際性的(factual)：泛指從職業本身所得到的物質方面的報酬。（二）規範性的(normative)：強調的是職業本身較無形的、非物質方面的貢獻。例如：對全民健康的改進，對人類幸福的增進等等 (Hope, 1982)。一般而言，我們在測量職業聲望，都包含著這兩個層面。例如：評價歌星、影星或職業球星的職業聲望，雖然他們實質的報酬很高，但其規範性的價值並不高，所以其整個的職業聲望也不是很高。

二、職業聲望量表

　　社會科學家為了測量職業聲望的高低，因此發展出各種的職業聲望量表。職業聲望量表，通常而言，有主觀與客觀的兩種型態。主觀的即指職業聲望量表，問受訪人主觀上對某一職業聲望的高低之看法，從他們所給予的等級資料，求加權平均，通常以百分位數（0～100 分）來分高低。客觀的職業量表是指社會經濟地位指數 (social economic index, 簡稱 SEI)，或社會經濟地位 (social economic status, 簡稱 SES)。通常而言，它是以每個職業的平均教育程度及平均收入之高低，作為測量此一職業的職業聲望的高低之標準。

　　以下，我們便依時間順序來介紹各種的職業量表：

（一）愛德華量表(Edward's scale, 1938)：此量表可說是最早而且也曾是最廣泛爲學者們所採用之量表。此量表是 Alba Edwards 在 1938 年時依照美國的人口普查局所得的普查資料，以每一職業的教育程度與收入爲基礎，並將職業依照它的平均教育程度與平均收入的高低，共分了十個等級。因此，愛德華量表基本上代表著某類職業所需要的技術和知識，以及從事此類職業所得到的物質報酬。愛德華量表共分六大類職業，十個等級，其類別和等級依高低順序如下(Edwards, 1943)：

　　專業人員
　　有產者，經理和職員
　　　（1）農民（自耕農及佃農）
　　　（2）批發商及零售商
　　　（3）其他有產者，經理及職員
　　店員及其同類人員
　　技術工人及其領班
　　半技術工人
　　無技術工人
　　　（1）農場工人
　　　（2）工人（農場工人以外）
　　　（3）僕役階級

　　而到1970年時，美國人口普查局又根據愛德華量表加以擴大，修正和補充。超過 400種的不同職業類別，每一個職業類別給予三位數字的號碼，而歸類成爲十二大類。同時，大約有 23000的工作名稱，也劃分入此四百多種的職業類別裏。此十二大類如下(U. S. Census, 1971)：

（1）專業技術及同類人員

（2）經理及行政人員（農場以外）

（3）銷售人員

（4）店員及同類人員

（5）技藝及同類人員

（6）操作員（交通除外）

（7）交通設備操作員

（8）工人（農場以外）

（9）農人及農場經理人員

（10）農場工人及工頭

（11）服務人員（私人家庭除外）

（12）私人家庭受雇人員

　　人口普查局修正後的量表和原來的愛德華量表，在社會經濟地位的歸類方面是否相同，固然不無疑問。但是，它基本上保留了原來量表的白領階級和藍領階級，即中產階級和工人階級之二大分類。其分界點是第五類以下屬藍領階段，第四類以上爲白領階級。農業人員較不易劃分，因此有人把它另成一類，成爲白領、藍領和農業人員三類，或者乾脆把農業人員除外。

（二）North and Hatt 聲望量表（1948）

　　此量表是 North 和 Hatt 二人，根據美國的國家民意研究中心（National opinion Research Center，以下簡稱爲NORC）的資料發展出來。它是主觀性的量表。國家民意研究中心在1947年請受訪者評定每一工作（Job）應屬那一個等級，等級從非常好到不好，共分五級，一共採取了 2920 個樣本。而 North和 Hatt 二人將受訪者所評

定的等級，求得其平均數，轉化爲百分位數，而得九十種職業的聲望量表 (Reiss, 1961)。

(三) Duncan 社會經濟地位指數(Duncan's SEI, 1961)

此社會經濟地位指數，乃 Duncan 從 North & Hatt 量表加以擴大而發展出來的。 Duncan (1961) 認爲 North & Hatt 量表只包含人口普查局中的部分工作及職業， 範圍不够大， 於是想辦法將其擴充。基本上， Duncan 以 North & Hatt 量表的每一職業的職業聲望，配合每一職業的教育程度與收入，而求得職業聲望、教育和收入三者之間的廻歸方程式係數，然後據此係數去推算人口普查局所有職業的個別分數， 而得每一職業的社會經濟地位指數 (socio-economic index, 簡稱 SEI)。Duncan所求得的廻歸方程式及其係數如下：

SEI (Prestige) = $-6.0 + 0.59$ Education $+ 0.55$ Income

Blau 和 Duncan (1967: 27) 依照此一廻歸方程式的係數，以及每種職業的平均教育程度和平均收入，將各種職業分爲十七個等級。此十七個等級，依高低次序，分別如下：

1. 自營專業人員
2. 領薪專業人員
3. 經理
4. 銷售人員
5. 有產者
6. 店員
7. 零售商
8. 製造業技藝人員
9. 製造業以外之技藝人員
10. 建築工人
11. 製造業操作員
12. 製造業以外之操作員
13. 服務業人員
14. 製造業工人
15. 製造業以外之工人
16. 農民
17. 農場工人

此17類職業中，1至7類為白領階級，第8類以後為藍領階級。其中，零售商之等級，事實上在技藝人員之後，但為求白領階級和藍領階級的清楚分界，乃將其調到技藝人員之前。

三、臺灣地區職業聲望的研究

以上三種量表都是以美國資料為標準所發展出來的。另外，世界上許多國家的學者也各自用其本國的資料，發展出職業聲望量表（Haug, 1977）。有關臺灣地區所作的職業聲望量表，早期有何友暉和廖正宏（1969）用18種常見的職業所做的職業聲望的研究。民國60年，顧浩定（W. L. Grichting, 1971）在臺北地區抽樣386人，以126種職業聲望做研究。其研究結果發現，職業聲望最高的前四種，依次為科學家、大學校長、大學教授和工程師，最低者為娼妓。另外，Marsh（1971）在臺北地區以507人所做的職業聲望的研究，則為Treiman的國際職業聲望研究所採用的臺灣資料（Treiman, 1977）。

再來，就是文崇一、張曉春（1979）兩位先生所做的「職業聲望與職業對社會的實用性」，是頗具規模的，而且也是時間上較近的研究。此研究之樣本來自整個臺灣地區，共有一千五百多個樣本，調查日期為民國67年初，所採用的職業共有94種。他們的研究指出，臺灣地區的職業聲望，最高的前十名，依次為(1)省主席；(2)教授；(3)科學家；(4)大使；(5)大法官；(6)國大代表；(7)市長；(8)立法委員；(9)軍官；(10)監察委員（請參閱本章附錄）。

另外，蔡淑鈴、廖正宏與黃大洲（1985）的研究，則規模較小。此研究的樣本為398位鄉村居民，包括農民、勞工、公教人員、商人等。所採用的職業只有34種。他們的研究中，臺灣地區的職業聲望，

最高的前五名，依次爲(1)大學教授；(2)法院檢察官；(3)西醫；(4)土木工程師；和(5)鄉鎮長（請參閱本章附錄）。

最後，瞿海源(1985)的「臺灣地區職業地位主觀測量之研究」則是在時間上最近，而且在方法上相當嚴謹的研究。此研究的樣本來自國科會所支持的大型研究計畫——「臺灣地區社會變遷基本調查」的預試資料，共有樣本數1037人。此計畫的樣本包括整個臺灣地區，所採用的職業爲29種。依此研究所得到的各種職業的聲望，其前十名，依次爲(1)教授；(2)省主席；(3)法官；(4)省議員；(5)大企業家；(6)醫生；(7)立法委員；(8)中學教員；(9)律師；和(10)銀行經理（請參閱本章附錄）。

由上述這些職業聲望在前十名的職業中可以看出，有關臺灣地區的職業聲望之研究，不管其樣本是整個臺灣地區，或者是部分地區，例如鄉村地區或部分人口（例如學生），他們對職業聲望的評價，都是相當接近，顯示出人們對職業聲望的評價有其普同性，不會因職業、年齡、性別、居住地區等之不同而有很大的差異。爲何如此？我們將在下節中繼續討論之。

四、國際間的比較研究：Treiman 的標準國際職業聲望量表(Standard International Occupational Prestige Scale)

儘管各國的國情不同，文化不同，但是學者們仍企圖超越文化差異，尋求可以適用於各國的職業聲望量表。

Treiman (1977) 所發展出來的「標準國際職業聲望量表」即是

在此方面的努力結果，並且是最廣為人知的量表。此量表的職業分類是依據 1969 年國際勞工局 (ILO) 所公佈的「國際標準職業分類」(International Standard Classification of Occupations, 簡稱ISCO)為基礎。在「國際標準職業分類」中包含284種職業，而 Treiman 將其擴展為 509種職業。

　　Treiman (1977: XV)認為做國際間比較研究的主要目的，是在發掘人類社會結構的共同不變之法則。為達成此目的，我們必須脫離以往所盛行的在某一國所做的個案研究，而必須從許多不同的社會之研究中廣泛搜集資料，以求發現那些社會結構的特性是為所有社會所共同擁有的；那些特性只是部分社會所具有的；以及那些特性只是某單一社會所有的。然而，此種研究通常並非一個人的能力所能獨自完成，必須從許多人在各個社會所做的研究中加以整理，抽絲剝繭，去蕪存菁，以便做比較研究。據此看法人類社會的職業聲望之研究，Treiman 乃廣泛收集學者們在世界六十多國所做有關職業聲望的研究資料，及有關職業的平均收入和教育程度和其他有關資料，並以國際勞工局的「國際標準職業分類」做為職業的比較研究之基礎，而發展出「標準國際職業聲望量表」。

　　此量表的職業分類，從粗至細，共有４種分類標準（請參考本章附錄）：（一）大組 (major group)：以二位阿拉伯數字為代表，即一般所謂的行業，總共有十一大組即(1)專業技術及相關人員；(2)行政及經理人員；(3)事務員及有關人員；(4)銷售人員；(5)服務人員；(6)農、林、漁、牧人員；(7)生產工人，交通設備操作人員及有關人員；(8)軍人；(9)求職人員；(10)無法分類者；以及(11)非勞動力者。其中，１至７類為民職勞動力，乃是依職業聲望之高低加以排列。（二）小組 (minor groups)：在每一大組之下，又分為幾個小

組，此量表總共有84小組，以三位阿拉伯數字代表之。例如在專業技術及相關人員此一大組之下，又分自然科學家；建築師、工程師及有關人員；航空及航海之高級人員等共 19 小組。 （三）單元組（unit groups）：在每一小組之下，又分爲幾個單元組， 以四位阿拉伯數字代表之。此爲更細的分類，總共有 288 單元組。例如在自然科學家此一小組之下， 又有化學家、 物理學家等4個單元組。 （四） 職業（occupation）： 在每一單元組之下， 又包含幾個職業，此量表總共有 509 個職業，爲最細的分類， 以五位阿拉伯數字代表之。 例如在0331)簿記，出納及有關人員此一單元組之下， 又包含(03310)簿記員；(03311) 出納員； (03112) 出納組長； (03113) 銀行櫃臺人員；(03114)郵局職員； 以及(03115)售票員共六種。

　　Treiman 在比較各國的職業聲望量表時， 發現各國對職業聲望的高低的評價非常接近， 其相關係數達0.81， 顯然不受文化差異之影響， 而卽使在同一社會裏的各個次文化團體，對職業聲望的評價也是非常接近。因此，Treiman 認爲， 職業聲望本身基本上有其不變性 (fundamentally invariant)， 不因國情不同， 文化不同而不同。這種職業聲望的不變性， 基本上乃是由於功能的必要 (functional imperative)與組織的必要(organizational imperative) 所造成的。Treiman認爲在複雜社會 (complex societies)中， 不管是過去或現在，職業聲望的高低次序，基本上是不變的。這種不變性，基本上乃是由於社會結構本身的二個特質，卽功能的必要和組織的必要，所造成的。Treiman因此提出了職業聲望的結構論 (structural theory of occupational prestige)。 此理論的主旨包括下列四個命題(Treiman, 1977: 5)：

　　（一） 所有社會所必要面對的功能相當類似，因此，導致於所有

社會所必須完成的種種功能也相當類似。再者，由於人類本身的組織
能力和組織型態本身的限制，結果導致於每一職業角色在所有社會中
也大致相同。此意卽社會分工會不斷發展，而且，更重要地，社會分
工的發展型態也大致一樣。

（二）社會分工與結構分化本身就意含著階層化體系。此是由於
分工和專業化而使每一職業所能控制的社會資源也不同，因而造成階
層化。這些社會資源包括知識、技能、權威、財產等等。由於每一職業
本身所控制的社會資源不相等，因而造成不同的權力分配，卽階層化。

（三）由於每個職業所控制的社會資源不同，無可避免地，定會
為其帶來某種特權。但每個職業在世界各國所扮演的角色和功能又相
似，所以每個職業本身所享有特權的程度在各國的表現就相當一致。

（四）權力與特權，世界各國都認為有高度價值的，因此，有權有
勢的職業都為世界各國所重視，但是全世界各國對職業的功能和角色
分類基本上都類似，所以每一個職業本身所擁有的聲望也都是很類似。

許多人類學家在探討職業聲望在各國的評價相同的原因時，常常
認為是由於文化擴散的因素。但 Treiman 則認為這是職業所扮演的功
能和角色在世界各國相似，和人類本身先天的組織能力有一定的相同
限制所導致的結果，而不是由於文化擴散的結果。

所以，Treiman 所謂的「功能的必要性」是指人類的分工和每一
職業所扮演的功能和角色在各國都很相似。例如：中央政府體制的分
工、蓋房子的分工，在世界各國，大致是一樣的。他同時也強調，技
術帶來的革新，並不是對分工型態的改變，而只是專業技術的提昇而
已。另外，他所謂的 「組織的必要性」 是說人類的組織能力是有限
的，因此，所表現出來的組織型態都非常相似。例如：划船用的槳、
飛機場，在世界各地都很類似。另外，在世界各國，通常都是十個人

左右就必須成一班，四班就成一排，此也是說明人類本身先天上的組織能力是有一定的限制，因此，所發展出來的組織型態也很類似。

五、結　論

　　社會地位或職業聲望的研究，主要是源自於馬克斯的階級理論和韋伯的階級、地位和權力論。韋伯的看法尤其爲多數研究者所接受。韋伯所謂的階級，指的是經濟層面；其所謂的地位，指的是社會地位或職業聲望；而權力指的是政治層面。雖然韋伯和不少學者都認爲階級、地位和權力三者都是獨特、不可替換的社會等級的評價。但不少學者 (Runciman, 1968; Blau & Duncan, 1967)也指出階級、地位和權力三者之間的高度相關，　而且認爲職業可能是最佳單一指標。Runciman (1968)認爲職業可做爲一個人在社會等級評價的單一指標，尤其是在工業化社會裏；Blau 和 Duncan (1967: 7)更認爲在近代高度分工和專業化的社會裏，經濟階級和政治權力都植根於職業上。因此職業是社會階層的最基本、最主要的指標。故有關職業聲望或職業地位的測量也就格外重要，也因此，各種職業量表也就不斷地爲學者所提出。

　　然而，各種職業量表本身仍面臨一些基本困難。例如，量表本身到底測量什麼？其效度爲何？職業聲望是否眞如 Treiman 所言，有普同性，不因不同的時間、空間而有基本差異？尤其爲人所批評的是各種職業量表本身對職業權力或權威此一方面的測量都相當忽略 (Haug, 1977: 74; Moore, 1980: 169)。這些問題和困難，都有待學者們做更進一步的努力，以釐清問題，克服困難。

參 考 資 料

文崇一，張曉春

　1979　「職業聲望與職業對社會的實用性」。臺灣人力資源會議論
　　　　文集，623-669頁。臺北: 中央研究院經濟研究所。

何友暉，廖正宏

　1969　「今日中國社會職業等級評價之研究」，臺灣大學社會學刊
　　　　第五期，151-156頁。

蔡淑鈴、廖正宏、黃大洲

　1985　「從社會階層化的觀點論農民階層」，第四次社會科學會議
　　　　論文，中央研究院三民主義研究所。

瞿海源

　1985　「臺灣地區職業地位主觀測量之研究」，第四次社會科學會
　　　　議論文，中央研究院三民主義研究所。

Blau, P. U. and O. D. Duncan

　1967　*The American Occupational Structure.*　New　York:
　　　　Wiley.

Duncan, O. D.

　1961　"A socioeconomic index for all occupations." pp. 109-
　　　　138 in A. J. Reiss, Jr. (ed.), *Occupations and Social
　　　　Status.* New York: Wiley.

Edwards, A.

　1943　*Comparative Occupations of the U. S.*, 1870　to 1940.
　　　　Washington　D. C. : GPO.

Grichting, W. L.

1971 "Occupational prestige structure in Taiwan." *National Taiwan University Journal of Sociology* 7 (April): 67-78.

Haug, M. R.

1977 "Measurement in social stratification." *Annual Review of Sociology* 3: 51-77.

Hope, K.

1982 "A liberal theory of prestige." *American Journal of Sociology* 87: 1011-1031.

Marsh, R. M.

1971 "The explanation of occupational prestige hierarchies." *Social Forces* 50(2): 214-222.

Moore, W. E.

1980 "Occupational prestige and social innequality." pp. 166-177 in H. M. Blalock (ed.), *Sociological Theory and Research*. New York: The Free Press.

Reiss, A. J. Jr.

1961 *Occupations and Social Status*. New York: The Free Press.

Runciman, W. G.

1968 "Class, status and power," pp. 25-61 in J. A. Jackson (ed.), *Social Stratification*. London: Combridge University Press.

U. S. Bureau of Census

1971　1970 *Census of Population: Alphabetical Index of Industries and Occupations.* Washington D. C. : GPO.

Warner, W. L. and P. S. Lunt

　1941　*The Social Life of a Modern Community.* New Heaven: Yale University Press.

Warner, W. L. , M. Mecker and K. Eells

　1960　*Social Class in America.* New York: Harper and Brothers.

Warner, W. L. , J. O. Low, P. S. Lunt and L. Srole

　1963　*Yankee City.* New Heaven: Yale University Press.

附錄一　文崇一與張曉春之臺灣職業聲望量表

等級順序	職　業　項　目	平　均　數	標　準　差	相對離差	樣　本　數
1	省主席	91.2	15.2	16.6	1513
2	教授	87.9	15.8	18.0	1516
3	科學家	86.5	17.4	20.1	1516
4	大使	84.0	18.4	21.9	1507
5	大法官	83.8	19.9	23.7	1517
6	國大代表	81.5	19.5	24.0	1517
7	市長	81.3	18.1	22.3	1513
8	立法委員	80.5	19.5	24.3	1514
9	軍官	79.7	18.3	23.0	1519
10	監察委員	78.9	19.0	24.1	1513
11	大企業家	78.9	19.8	25.1	1510
12	中學教師	78.8	16.2	20.5	1517
13	工程師	78.8	16.5	21.0	1513
14	醫生	78.6	18.9	24.1	1518
15	郵政局長	75.9	17.9	23.6	1512
16	小學教師	75.1	18.2	24.3	1519
17	飛機駕駛員	74.7	18.1	24.2	1506
18	經濟學家	73.6	19.0	25.9	1511
19	董事長	73.3	20.3	27.6	1516
20	消防隊員	72.7	20.9	28.8	1519
21	作家	72.3	19.3	26.7	1506

等級順序	職　業　項　目	平　均　數	標　準　差	相對離差	樣　本　數
22	省議員	71.9	20.5	28.5	1512
23	火車站長	71.5	18.5	25.9	1518
24	音樂家	71.3	19.5	27.3	1510
25	郵差	70.9	22.0	30.9	1519
26	律師	70.5	19.1	27.0	1519
27	總經理	70.4	18.8	26.7	1512
28	縣市議員	69.9	20.3	29.0	1517
29	銀行經理	69.4	19.9	28.6	1516
30	警官	69.3	19.9	28.7	1514
31	推事	68.7	20.4	29.7	1505
32	農人	68.4	25.4	37.1	1518
33	農會總幹事	68.3	18.2	26.6	1516
34	護士	67.6	19.2	28.5	1518
35	工廠廠長	67.0	18.2	27.1	1516
36	助產士	66.8	20.0	29.9	1515
37	中醫師	66.7	17.7	26.5	1517
38	新聞記者	66.0	21.1	31.9	1517
39	社會工作人員	65.7	19.3	29.4	1502
40	神父	65.5	23.7	36.1	1509
41	科長	64.9	16.8	25.9	1506
42	村里幹事	64.8	19.7	30.4	1518
43	會計師	64.6	18.1	28.1	1512
44	警察	64.5	21.3	33.1	1520
45	空中小姐	64.3	19.2	29.8	1503

等級順序	職 業 項 目	平 均 數	標 準 差	相對離差	樣 本 數
46	畫家	63.9	19.7	30.8	1512
47	機械修理工	63.7	19.8	31.0	1514
48	藥劑師	63.6	18.4	28.9	1515
49	代耕隊員	61.6	21.2	34.3	1495
50	牧師	61.1	22.0	36.0	1509
51	商店老板	59.8	17.3	28.9	1513
52	電話接線生	58.7	20.3	34.6	1515
53	辦事員	58.3	17.2	29.5	1516
54	人事管理員	57.8	18.1	31.3	1507
55	圖書館管理員	57.6	18.3	31.7	1506
56	會計員	57.3	16.9	29.5	1509
57	科員	56.7	16.4	29.0	1504
58	出納員	55.9	17.0	30.3	1508
59	房地產經理	55.8	19.0	34.1	1503
60	代書	55.1	18.8	34.1	1513
61	船員	55.1	19.4	35.2	1513
62	司機	54.5	19.6	36.0	1512
63	攝影師	54.2	17.4	32.0	1513
64	裁縫	54.1	19.5	36.0	1518
65	木匠	53.8	19.8	36.8	1509
66	泥水匠	53.8	21.3	39.5	1508
67	電視裝修工	53.7	18.9	35.1	1513
68	廚師	53.7	19.9	37.1	1516
69	工頭	53.5	18.6	34.8	1509

等級順序	職 業 項 目	平 均 數	標 準 差	相對離差	樣 本 數
70	打字員	53.4	17.4	32.6	1510
71	和尚	53.3	22.8	42.8	1506
72	加油站服務員	52.4	19.8	37.8	1516
73	店員	51.6	17.9	34.7	1518
74	清道夫	51.5	25.2	48.9	1519
75	礦工	51.3	21.7	42.3	1512
76	導遊	50.6	19.0	37.5	1513
77	鐘錶修理匠	50.5	18.2	36.0	1515
78	演員	48.9	19.3	39.4	1514
79	工廠女工	48.5	21.4	44.0	1517
80	車掌	47.5	18.0	37.8	1517
81	美容師	46.2	18.3	39.6	1514
82	歌星	45.7	20.7	45.4	1518
83	理髮師	45.6	18.9	41.5	1515
84	推銷員	45.3	19.2	42.3	1510
85	遊覽車小姐	45.3	18.1	39.9	1514
86	工友	44.7	20.5	45.9	1513
87	道士	43.8	20.2	46.1	1507
88	攤販	43.8	19.6	44.8	1512
89	侍者	42.5	19.9	46.8	1504
90	風水師	42.2	21.3	50.5	1510
91	女佣人	41.8	20.1	48.1	1512
92	算命仙	32.1	16.0	19.9	1517
93	舞女	29.0	15.3	52.9	1517
94	茶室女	27.1	15.1	55.5	1514

資料來源：文崇一，張曉春，1979: 631-632

附錄二 蔡淑鈴、廖正宏、與黃大洲之臺灣職業
　　　聲望量表

職　　業　　名　　稱	總樣本	農	工	商	公　教
1　大學教授	92	93	87	92	88
2　法院檢察官	88	89	89	90	86
3　西醫	84	85	80	80	84
4　土木工程師	80	82	80	76	79
5　鄉鎮長	80	81	84	77	76
6　縣市局督學	78	80	79	82	75
7　工廠廠主	75	73	70	72	74
8　鄉鎮農會總幹事	75	77	74	74	71
9　貿易商	71	71	67	70	73
10　中學教員	71	71	67	70	69
11　上尉軍官	69	72	73	67	62
12　公司秘書	69	70	62	69	66
13　新聞記者	68	69	68	69	66
14　小學老師	67	68	70	68	62
15　建築包商	64	64	66	63	65
16　商店店主	63	65	60	57	66
17　機關課員	63	63	65	60	57
18　農會推廣員	62	64	60	60	58
19　警察	61	62	62	59	58
20　工廠技術工人	57	57	55	55	47

職　業　名　稱	總樣本	農	工	商	公　教
21　現場監工	56	58	56	56	55
22　士兵	54	54	53	56	52
23　自耕農	52	44	56	55	55
24　木工	49	49	50	49	48
25　計程車司機	48	49	48	47	51
26　商店店員	48	49	51	45	48
27　理髮師	45	44	53	44	42
28　工友	44	37	39	35	32
29　腳踏車修理工	41	41	42	42	41
30　攤販	38	39	35	38	40
31　雇農（長工）	35	35	34	32	37
32　火車站苦力（捆工）	35	33	39	34	35
33　道士	35	37	36	31	36
34　三輪車夫	34	33	36	34	33
35　下女	32	31	33	33	32
36　拾荒者	32	28	35	30	31

資料來源：蔡淑鈴，廖正宏與黃大洲，1985:21

附錄三　瞿海源之臺灣職業聲望量表及與其他量表之比較

職業名稱	瞿海源 1984	文—張[a] 1979	Treiman ISPS[b] 1977	Grichting[c] 1970	張[d] 1970	何—廖[e] 1969	Marsh 1963
教　　授	8.900	87.9	78	83	91.3	2.42	88
省 主 席	8.822	91.2	82	76	—	—	—
法　　官	8.789	83.9	78	76,66	—	—	—
省 議 員	8.772	71.9	66	62	—	—	—
大 企 業 家	8.672	78.9	70	80	—	—	72
醫　　生	8.252	78.6	78	78	90.4	3.74	87
立 法 委 員	8.174	80.5	86	—	—	—	—
中 學 教 員	8.116	78.8	64	68,66	78.0	4.90	66
律　　師	7.780	70.5	71	65	83.3	—	—
銀 行 經 理	7.733	69.4	60	—	86.2	6.49	—
機 關 職 員	7.579	64.9	55	63	68.2	6.77	—
小 學 教 師	7.561	75.1	57	66	—	4.90	—
村 里 幹 事	6.735	64.8	—	—	—	—	—
警　　察	6.516	64.5	40	49	—	9.96	53
護　　士	6.416	67.6	54	70	—	—	—
農　　人	5.850	68.4	47	73,48	50.8	8.89	54
雜貨店老闆	5.646	59.8	48	—	68.3	9.05	54
歌　　星	5.508	45.7	32	41	—	11.70	—
工　　頭	5.376	53.5	38	50	—	—	54
水 電 工	5.344	—	34				

職業名稱	瞿海源 1984	文一張[a] 1979	Treiman ISPS[b] 1977	Grichting[c] 1970	張[d] 1970	何一廖[e] 1969	Marsh 1963
機車修理工	5.264	63.7	43	53	—	—	37
泥　水　匠	5.059	53.8	34	—	—	—	—
司　　　機	4.942	54.5	31	50	44.6	11.27	49
推　銷　員	4.921	45.3	32	48	53.4		44
店　　　員	4.860	51.6	28	49	43.6	11.72	44
攤　　　販	4.678	43.8	22	—	30.9	—	34
工廠女工	4.553	48.5	—	—	—	—	—
工　　　友	4.478	44.7	21	38	—	—	30
理　髮　師	4.323	45.6	30	44	36.7	12.78	37

註：(a)：文崇一與張曉春

　　(b)：Treiman之標準國際職業聲望量表

　　(c)：中文名為顧浩定

　　(d)：張曉春

　　(e)：何友暉與廖正宏

資料來源：瞿海源，1985：7

附錄四　Treiman 之標準國際職業聲望量表

(Standard International Occupational Prestige Scale)

Occupation	Prestige Score			
	Major group	Minor group	Unit group	Occupation
00 PROFESSIONAL, TECHNICAL AND RELATED WORKERS	58			
001 PHYSICAL SCIENTISTS AND RELATED TECHNICIANS		66		
0011 Chemists			69	
00110 Chemist				69
0012 Physicists			76	
00120 Physicist				76
0013 Physical Scientists n. e. c.			72	
00130 Scientist				78
00131 Geologist				67
00132 Astronomer				71
00133 Weatherman				49
0014 Physical Science Technicians			46	
002 ARCHITECTS, ENGINEERS AND RELATED TECHNICIANS		56		
0021 Architects and Town Planners			72	
00210 Architect				72
0022 Civil Engineers			70	
00220 Engineer, Civil Engineer				70

Occupation	Prestige Score			
	Major group	Minor group	Unit group	Occu-pation
0023 Electrical and Electronics Engineers			65	
00230 Electrical Engineer				65
0024 Mechanical Engineers			66	
00240 Mechanical Engineer				66
0025 Chemical Engineers			66	
00250 Chemical Engineer				66
0026 Metallurgists			60	
00260 Metallurgist				60
0027 Mining Engineers			63	
00270 Mining Engineer				63
0028 Industrial Engineers			54	
00280 Industrial Engineer				54
0029 Engineers n. e. c.			55	
00290 Engineer n. e. c.				55
0031 Surveyors			58	
00310 Surveyor				58
0032 Draftsmen			55	
00320 Draftsman				55
00321 Tracer				26
0033 Civil Engineering Technicians			39	
00330 Surveyor's Assistant				39
0034 Electrical and Electronics Engineering Technicians			46	

Occupation	Prestige Score			
	Major group	Minor group	Unit group	Occupation
0035 Mechanical Engineering Technicians			46	
0036 Chemical Engineering Technicians			46	
0037 Metallurgical Technicians			46	
0038 Mining Technicians			54	
00380 Mining Technician				54
0039 Engineering Technicians n. e. c.			46	
00390 Engineer's Aide				46
004 AIRCRAFT AND SHIPS' OFFICERS		59		
0041 Aircraft Pilots, Navigators and Flight Engineers			66	
00410 Airline Pilot				66
00411 Astronaut				80
0042 Ships' Deck Officers and Pilots			50	
00420 Ship's Officer				63
00421 Small Boat Officer				36
0043 Ships' Engineers			60	
00430 Ship's Engineer				60
005 LIFE SCIENTISTS AND RELATED TECHNICIANS		61		
0051 Biologists, Zoologists and Related Scientists			69	
00510 Biologist				69
0052 Bacteriologists, Pharmacologists and Related Scientists			68	

Occupation	Prestige Score			
	Major group	Minor group	Unit group	Occu-pation
00520 Medical Researcher				79
00521 Dairy Scientist				56
0053 Agronomists and Related Scientists			56	
00530 Agronomist				58
00531 Agricultural Agent				55
0054 Life Sciences Technicians			52	
00540 Medical Technician				58
00541 Agricultural Technician				47
006 MEDICAL, DENTAL, VETERINARY AND RELATED WORKERS	60			
0061 Medical Doctors			78	
00610 Physician				78
00611 Chief Physician in Hospital				80
0062 Medical Assistants			50	
00620 Medical Assistant				50
0063 Dentists			70	
00630 Dentist				70
0064 Dental Assistants			44	
0065 Veterinarians			61	
00650 Veterinarian				61
0066 Veterinary Assistants			48	
0067 Pharmacists			64	
00670 Pharmacist				64

Occupation	Prestige Score			
	Major group	Minor group	Unit group	Occu-pation
0068 Pharmaceutical Assistants			44	
00680 Uncertified Pharmacist				44
0069 Dietitians and Public Health Nutritionists			52	
00690 Dietitian				52
0071 Professional Nurses			54	
00710 Professional Nurse, Nurse				54
00711 Head Nurse				58
0072 Nursing Personnel n. e. c.			44	
00720 Uncertified Nurse				44
0073 Professional Midwives			46	
00730 Professional Midwife, Midwife				46
0074 Midwifery Personnel n. e. c.			42	
0075 Optometrists and Opticians			60	
00750 Optometrist				62
00751 Optician				57
0076 Physiotherapists and Occupa-tional Therapists			51	
00760 Physiotherapist				67
00761 Occupational Therapist				57
00762 Masseur				30
0077 Medical X-Ray Technicians			58	
0079 Medical, Dental, Veterinary and Related Workers n. e. c.			50	

Occupation	Prestige Score			
	Major group	Minor group	Unit group	Occupation
00790 Osteopath				62
00791 Chiropractor				62
00792 Herbalist				29
00793 Sanitary Officer				48
008 STATISTICIANS, MATHEMATICIANS, SYSTEMS ANALYSTS AND RELATED TECHNICIANS		56		
0081 Statisticians			55	
00810 Statistician				55
0082 Mathematicians and Actuaries			69	
00820 Mathematician				69
0083 Systems Analysts			51	
0084 Statistical and Mathematical Technicians			51	
00840 Computer Programmer				51
009 ECONOMISTS		60		
0090 Economists			60	
00900 Economist				60
011 ACCOUNTANTS		62		
0110 Accountants			62	
01100 Accountant				55
01101 Professional Accountant				68
012 JURISTS		73		
0121 Lawyers			73	

Occupation	Prestige Score			
	Major group	Minor group	Unit group	Occu-pation
01210 Lawyer, Trial Lawyer				71
01211 Public Prosecutor				75
0122 Judges			76	
01220 Judge				78
01221 Supreme Court Justice				82
01222 Local Court Judge				73
0129 Jurists n.e.c.			71	
01290 Non-Trial Lawyer				71
01291 Legal Advisor Without Degree				52
013 TEACHERS		61		
0131 University and Higher Education Teachers			78	
01310 University Professor				78
01311 University President, Dean				86
0132 Secondary Education Teachers			60	
01320 High School Teacher				64
01321 Middle School Teacher				57
0133 Primary Education Teachers			57	
01330 Teacher, Primary Teacher				57
0134 Pre-Primary Education Teachers			49	
01340 Pre-Primary Teacher				49
0135 Special Education Teachers			62	
0139 Teachers n.e.c.			62	

Occupation	Prestige Score			
	Major group	Minor group	Unit group	Occu-pation
01390 Vocational Teacher				57
01391 Principal, Primary Principal				66
01392 Education Officer				68
01393 Teacher's Aide				50
01394 Secondary School Principal				72
014 WORKERS IN RELIGION		46		
0141 Ministers of Religion and Related Members of Religious Orders			54	
01410 Clergyman				60
01411 High Church Official				83
01412 Religious Reciter				46
01413 Evangelist				50
01414 Missionary				49
01415 Member of Religious Order				56
01416 Assistant Priest				61
0149 Workers in Religion n.e.c.			39	
01490 Religious Teacher				56
01491 Faith Healer				22
015 AUTHORS, JOURNALISTS AND RELATED WRITERS		58		
0151 Authors and Critics			62	
01510 Author				62
01511 Pulp Writer				35

Occupation	Prestige Score			
	Major group	Minor group	Unit group	Occupation
0159 Authors, Journalists and Related Writers n. e. c.		56		
01590 Journalist				55
01591 Newspaper Editor				65
01592 Advertising Writer				47
01593 Public Relations Man				57
016 SCULPTORS, PAINTERS, PHOTOGRAPHERS AND RELATED CREATIVE ARTISTS		51		
0161 Sculptors, Painters and Related Artists			57	
01610 Artist				57
0162 Commercial Artists and Designers			49	
01620 Commercial Artist				54
01621 Designer				56
01622 Window Display Artist				38
0163 Photographers and Cameramen			46	
01630 Photographer				45
01631 TV Cameraman				47
017 COMPOSERS AND PERFORMING ARTISTS		48		
0171 Composers, Musicians and Singers			45	
01710 Musician, Classical Musician				56
01711 Jazz Musician				38

Occupation	Prestige Score			
	Major group	Minor group	Unit group	Occupation
01712 Musical Entertainer				32
01713 Music Teacher				53
0172 Choreographers and Dancers			40	
01720 Dancer				45
01721 Dancing Teacher				36
0173 Actors and Stage Directors			57	
01730 Actor				52
01731 Star Actor				63
01732 Dramatic Director				62
0174 Producers, Performing Arts			68	
01740 Dramatic Producer				68
0175 Circus Performers			33	
0179 Performing Artists n. e. c.			42	
01790 Radio, TV Announcer				50
01791 Entertainer				33
018 ATHLETES, SPORTSMEN AND RELATED WORKERS		49		
0180 Athletes, Sportsmen and Related Workers			49	
01800 Professional Athlete				48
01801 Coach, Manager				50
019 PROFESSIONAL, TECHNICAL AND RELATED WORKERS n. e. c.		57		
0191 Librarians, Archivists and Curators			54	

Occupation	Prestige Score			
	Major group	Minor group	Unit group	Occu-pation
01910 Librarian				54
0192 Sociologists, Anthropologists and Related Scientists			68	
01920 Sociologist				67
01921 Psychologist				66
01922 Archeologist				69
01923 Historian				67
01924 Social Scientist n. e. c.				69
0193 Social Workers			52	
01930 Social Worker				56
01931 Group Worker				49
0194 Personnel and Occupational Specialists			56	
01940 Personnel Director				58
01941 Job Counselor				55
0195 Philologists, Translators and Interpreters			62	
01950 Translator				54
01951 Philologist				69
0199 Other Professional, Technical and Related Workers			51	
01990 Technician				58
01991 Diviner				37
01992 Fingerprint Expert				54
01993 Explorer				49

Occupation	Prestige Score			
	Major group	Minor group	Unit group	Occu- pation
01994 Peace Corps Member				53
01995 Advertising Executive				57
02 ADMINISTRATIVE AND MANAGE- RIAL WORKERS	64			
020 LEGISLATIVE OFFICIALS AND GOVERNMENT ADMINISTRATORS		64		
0201 Heads of Government Jurisdictions			63	
02010 Chief of State				90
02011 Provincial Governor				82
02012 District Head				66
02013 Head, Large City				75
02014 Head, City or Small City				68
02015 Village Head				42
0202 Members of Legislative Bodies			64	
02020 Leader of House				86
02021 Member Upper House				85
02022 Member Lower House				72
02023 Member Provincial House				66
02024 Member Local Council				55
0203 High Administrative Officials			66	
02030 Government Minister				79
02031 Ambassador				87
02032 Diplomat				73

Occupation	Prestige Score			
	Major group	Minor group	Unit group	Occupation
02033 High Civil Servant, Dept. Head				71
02034 Dept. Head, Provincial Government				74
02035 Dept. Head, Local Government				63
02036 Chief's Counselor				50
021 MANAGERS		63		
0211 General Managers			65	
02110 Member Board of Directors				75
02111 Head of Large Firm				70
02112 Head of Firm				63
02113 Head of Small Firm				52
02114 Banker				67
02115 Banker, Large Bank				76
02116 Building Contractor				53
0212 Production Managers (Except Farm)			64	
02120 Factory Manager				64
0219 Managers n.e.c.			60	
02190 Businessman				58
02191 Branch Manager				52
02192 Department Manager				60
02193 Department Manager, Large Firm				63

Occupation	Prestige Score			
	Major group	Minor group	Unit group	Occu-pation
02194 Business Executive				67
02195 Politician, Party Official				63
02196 Union Official				50
02197 High Union Official				63
03 CLERICAL AND RELATED WORKERS	41			
030 CLERICAL SUPERVISORS		55		
0300 Clerical Supervisors			55	
03000 Office Manager				55
031 GOVERNMENT EXECUTIVE OFFICIALS		55		
0310 Government Executive Officials			55	
03100 Middle Rank Civil Servant				66
03101 Civil Servant, Minor Civil Servant				54
03102 Government Inspector				61
03103 Customs Inspector				44
03104 Tax Collector				52
032 STENOGRAPHERS, TYPISTS AND CARDAND TAPE-PUNCHING MACHINE OPERATORS		46		
0321 Stenographers, Typists and Teletypists			48	
03210 Typist, Stenographer				42
03211 Secretary				53

Occupation	Prestige Score			
	Major group	Minor group	Unit group	Occu- pation
0322 Card-and Tape-Punching Machine Operators			45	
03220 Keypunch Operator				45
033 BOOKKEEPERS, CASHIERS AND RELATED WORKERS	38			
0331 Bookkeepers and Cashiers			41	
03310 Bookkeeper				
03311 Cashier				31
03312 Head Cashier				65
03313 Bank Teller				48
03314 Post Office Clerk				39
03315 Ticket Seller				36
0339 Bookkeepers, Cashiers and Related Workers n.e.c.			34	
03390 Financial Clerk				42
03391 Bill Collector				27
034 COMPUTING MACHINE OPERA-TORS	49			
0341 Bookkeeping and Calculating Machine Operators			45	
0342 Automatic Data-Processing Machine Operators			53	
03420 Computer Operator				53
035 TRANSPORT AND COMMUNIC-ATIONS SUPERVISORS	50			
0351 Railway Station Masters			56	

Occupation	Prestige Score			
	Major group	Minor group	Unit group	Occu-pation
03510 Railway Stationmaster				56
0352 Postmasters			58	
03520 Postmaster				58
0359 Transport and Communications Supervisors n.e.c.			37	
03590 Dispatcher, Expeditor				37
036 TRANSPORT CONDUCTORS		32		
0360 Transport Conductors			32	
03600 Railroad Conductor				39
03601 Bus, Streetcar Conductor				26
03602 Sleeping Car Porter				30
037 MAIL DISTRIBUTION CLERKS		30		
0370 Mail Distribution Clerks			30	
03700 Mail Carrier				33
03701 Office Boy, Messenger				26
038 TELEPHONE AND TELEGRAPH OPERATORS		44		
0380 Telephone and Telegraph Operators			44	
03800 Telephone Operator				38
03801 Telegraph Operator				45
03802 Radio Operator				49
039 CLERICAL AND RELATED WORKERS n.e.c.		38		
0391 Stock Clerks			30	

Occupation	Prestige Score			
	Major group	Minor group	Unit group	Occu-pation
03910 Stockroom Attendant				32
03911 Shipping Clerk				29
0392 Material and Production Planning Clerks			44	
0393 Correspondence and Reporting Clerks			44	
03930 Office Clerk				43
03931 Government Office Clerk				44
03932 Law Clerk				59
0394 Receptionists and Travel Agency Clerks			34	
03940 Receptionist				38
03941 Transportation Agent				37
03942 Railway Baggageman				23
03943 Travel Agent				43
03944 Floor Walker				27
0395 Library and Filing Clerks			36	
03950 Library Assistant				41
03951 Filing Clerk				31
0399 Clerks n. e. c.			37	
03991 Proofreader				41
03992 Political Party Worker				48
03993 Meter Reader				21
04 SALES WORKERS	40			

Occupation	Prestige Score			
	Major group	Minor group	Unit group	Occu-pation
040 MANAGERS (WHOLESALE AND RETAIL TRADE)	45			
0400 Managers (Wholesale and Retail Trade)		45		
04000 Retail Manager				47
04001 Service Station Manager				38
04002 Credit Manager				49
041 WORKING PROPRIETORS (WHOLESALE AND RETAIL TRADE)	48			
0410 Working Proprietors (Wholesale and Retail Trade)		48		
04100 Shop Keeper				42
04101 Large Shop Owner				58
04102 One-Man Stand Operator				38
04103 Automobile Dealer				44
04104 Broker				55
04105 Livestock Broker				40
04106 Wholesale Distributor				58
04107 Smuggler				9
04108 Labor Contractor				49
042 SALES SUPERVISORS AND BUYERS	49			
0421 Sales Supervisors			52	
04210 Sales Manager				52
0422 Buyers			46	

Occupation	Prestige Score			
	Major group	Minor group	Unit group	Occu-pation
04220 Buyer				49
04221 Purchasing Agent				51
04222 Agricultural Buyer				39
043 TECHNICAL SALESMAN, COMMERCIAL TRAVELLERS AND MANUFACTURERS' AGENTS		46		
0431 Technical Salesmen and Service Advisers			46	
04310 Sales Engineer				51
04311 Utility Co. Salesman				42
0432 Commercial Travellers and Manufacturers' Agents			47	
04320 Traveling Salesman				47
044 INSURANCE, REAL ESTATE, SECURITIES AND BUSINESS SERVICES SALESMEN AND AUCTIONEERS		46		
0441 Insurance, Real Estate and Securities Salesmen			50	
04410 Insurance Agent				44
04411 Real Estate Agent				49
04412 Stock Broker				56
0442 Business Services Salesmen			42	
04420 Advertising Salesman				42
0443 Auctioneers			45	
04430 Auctioneer				39
04431 Appraiser				48

Occupation	Prestige Score			
	Major group	Minor group	Unit group	Occu-pation
04432 Insurance Claims Investigator				49
045 SALESMEN, SHOP ASSISTANTS AND RELATED WORKERS		28		
0451 Salesmen, Shop Assistants and Demonstrators			32	
04510 Sales Clerk				34
04511 Automobile Salesman				36
04512 Gas Station Attendant				25
04513 Model				36
04514 Sales Demonstrator				28
0452 Street Vendors, Canvassers and Newsvendors			24	
04520 Market Trader				36
04521 Street Vendor, Peddler				22
04522 Telephone Solicitor				26
04523 Newspaper Seller				14
04524 Routeman				24
04525 Narcotics Peddler				6
049 SALES WORKERS n. e. c.		15		
0490 Sales Workers n. e. c.			15	
04900 Money Lender				15
05 SERVICE WORKERS	27			
050 MANAGERS (CATERING AND LODGING SERVICES)		40		

Occupation	Prestige Score			
	Major group	Minor group	Unit group	Occupation
0500 Managers (Catering and Lodging Services)			40	
05C00 Bar Manager				32
050C1 Hotel Manager				53
05002 Apartment Manager				47
051 WORKING PROPRIETORS (CATERING AND LODGING SERVICES)		37		
0510 Working Proprietors (Catering and Lodging Services)			37	
05100 Restaurant Owner				48
05101 Lunchroom, Coffee Shop Operator				35
05102 Hotel Operator				46
05103 Boardinghouse Keeper				22
05104 Pub Keeper				33
052 HOUSEKEEPING AND RELATED SERVICE SUPERVISORS		37		
0520 Housekeeping and Related Service Supervisors			37	
05200 Steward				46
05201 Housekeeper				28
053 COOKS, WAITERS, BARTENDERS AND RELATED WORKERS		26		
0531 Cooks			31	
05310 Cook				31
05311 Master Cook				38

Occupation	Prestige Score			
	Major group	Minor group	Unit group	Occupation
05312 Cook's Helper				22
0532 Waiters, Bartenders and Related Workers			21	
05320 Waiter				23
05321 Bartender				23
05322 Soda Fountain Clerk				16
054 MAIDS AND RELATED HOUSEKEEPING SERVICE WORKERS n. e. c.		22		
0540 Maids and Related Housekeeping Service Workers n. e. c.			22	
05400 Servant				17
05401 Nursemaid				23
05402 Hotel Chambermaid				14
05403 Hotel Concierge				33
055 BUILDING CARETAKERS, CHARWORKERS, CLEANERS AND RELATED WORKERS		22		
0551 Building Caretakers			25	
05510 Janitor				21
05511 Concierge (Apartment House)				24
05512 Sexton				30
0552 Charworkers, Cleaners and Related Workers			20	
05520 Charworker				16
05521 Window Washer				19
05522 Chimney Sweep				25

Occupation	Prestige Score			
	Major group	Minor group	Unit group	Occu-pation
056 LAUNDERERS, DRY-CLEANERS AND PRESSERS	22			
0560 Launderers, Dry-Cleaners and Pressers		22		
05600 Launderer				22
057 HAIRDRESSERS, BARBERS, BEAUTICIANS AND RELATED WORKERS	32			
0570 Hairdressers, Barbers, Beauticians and Related Workers		32		
05700 Barber				30
05701 Master Barber				37
05702 Beautician				35
05703 Operator of Hairdressing Salon				45
058 PROTECTIVE SERVICE WORKERS	35			
0581 Fire-Fighters			35	
05810 Fireman				35
0582 Police and Detectives			40	
05820 Policeman				40
05821 Police Officer[3]				60
05822 High Police Official[1]				75
05823 Specialized Law Officer[3]				52
0589 Protective Service Workers n. e. c.			30	
05890 Watchman				22

Occupation	Prestige Score			
	Major group	Minor group	Unit group	Occu-pation
05891 Prison Guard				39
05892 Bailiff				47
059 SERVICE WORKERS n.e.c.		31		
0591 Guides			29	
05910 Museum Attendant				29
0592 Undertakers and Embalmers			34	
05920 Undertaker				34
0599 Other Service Workers			29	
05990 Medical Attendant				42
05991 Entertainment Attendant				20
05992 Elevator Operator				24
05993 Hotel Bell Boy				14
05994 Doorkeeper				27
05995 Shoe Shiner				12
05996 Airline Stewardess				50
05997 Bookmaker				34
05998 Bell Captain in Hotel				41
05999 Illegal Lottery Agent				6
06 AGRICULTURAL, ANIMAL HUSBANDRY AND FORESTRY WORKERS, FISHERMEN AND HUNTERS	34			
060 FARM MANAGERS AND SUPERVISORS		48		
0600 Farm Managers and Supervisors			48	

Occupation	Prestige Score			
	Major group	Minor group	Unit group	Occu-pation
06000 Farm Manager				54
06001 Farm Foreman				41
061 FARMERS		40		
0611 General Farmers			40	
06110 Farmer				47
06111 Large Farmer				63
06112 Small Farmer				38
06113 Tenant Farmer				30
06114 Share Cropper				32
06115 Collective Farmer				35
06116 Settler				39
06117 Unpaid Family Farm Worker				34
0612 Specialized Farmers			55	
06120 Specialized Farmer				55
062 AGRICULTURAL AND ANIMAL HUSBANDRY WORKERS		22		
0621 General Farm Workers			20	
06210 Farm Hand				23
06211 Migrant Worker				18
0622 Field Crop and Vegetable Farm Workers			21	
06220 Field Crop Worker				21
0623 Orchard, Vineyard and Related Tree and Shrub Crop Workers			21	

Occupation	Prestige Score			
	Major group	Minor group	Unit group	Occu-pation
06230 Palmwine Harvester				21
0624 Livestock Workers			26	
06240 Livestock Worker				26
0625 Dairy Farm Workers			23	
06250 Milker				23
0626 Poultry Farm Workers			21	
0627 Nursery Workers and Gardeners			21	
06270 Gardener				21
0628 Farm Machinery Operators			31	
06280 Tractor Driver				31
0629 Agicultural and Animal Husbandry Workers n. e. c.			14	
06290 Skilled Farm Worker				30
06291 Gatherer				-2
063 FORESTRY WORKERS		24		
0631 Loggers			18	
06310 Logger				19
06311 Whistle Punk				18
0632 Forestry Workers (Except Logging)			42	
06320 Forester				48
06321 Timber Cruiser				38
06322 Tree Surgeon				40

Occupation	Prestige Score			
	Major group	Minor group	Unit group	Occupation
064 FISHERMEN, HUNTERS AND RELATED WORKERS		28		
0641 Fishermen			32	
06410 Fisherman				28
06411 Fisherman With Own Boat				37
0649 Fishermen, Hunters and Related Workers n. e. c.			23	
06490 Whaler				40
06491 Hunter				6
07 PRODUCTION AND RELATED WORKERS, TRANSPORT EQUIPMENT OPERATORS AND LABORERS	32			
070 PRODUCTION SUPERVISORS AND GENERAL FOREMEN		46		
0700 Production Supervisors and General Foremen			46	
07000 Foreman				39
07001 Supervisor				52
071 MINERS, QUARRYMEN, WELL DRILLERS AND RELATED WORKERS		32		
0711 Miners and Quarrymen			34	
07110 Miner				32
07111 Specialized Mine Worker				36
07112 Quarry Worker				24
07113 Instructor in Mine				44
0712 Mineral and Stone Treaters			32	

Occupation	Prestige Score			
	Major group	Minor group	Unit group	Occupation
0713 Well Drillers, Borers and Related Workers			31	
07130 Oil Field Worker				31
072 METAL PROCESSERS	38			
0721 Metal Smelting, Converting and Refining Furnacemen			45	
07210 Steel Mill Worker				45
0722 Metal Rolling-Mill Workers			36	
07220 Rolling Mill Operator				36
0723 Metal Melters and Reheaters[15]			38	
0724 Metal Casters			33	
07240 Metal Caster				33
0725 Metal Moulders and Core-makers			38	
0726 Metal Annealers, Temperers and Case-Hardeners			38	
0727 Metal Drawers and Extruders			38	
0728 Metal Platers and Coaters			28	
07280 Galvanizer				28
0729 Metal Processers n.e.c.			38	
073 WOOD PREPARATION WORKERS AND PAPER MAKERS		29		
0731 Wood Treaters			29	
0732 Sawyers, Plywood Makers and Related Wood-Processing Workers			30	
07320 Sawyer in Saw Mill				30

Occupation	Prestige Score			
	Major group	Minor group	Unit group	Occu-pation
07321 Lumber Grader				31
0733 Paper Pulp Preparers			28	
0734 Paper Makers			28	
07340 Paper Maker				28
074 CHEMICAL PROCESSERS AND RELATED WORKERS		40		
0741 Crushers, Grinders and Mixers			43	
0742 Cookers, Roasters and Related Heat-Treaters			43	
0743 Filter and Separator Operators			43	
0744 Still and Reactor Operators			43	
0745 Petroleum-Refining Workers			37	
07450 Petroleum Worker				37
0749 Chemical Processers and Related Workers n.e.c.			30	
07490 Chemical Worker				43
07491 Charcoal Burner				16
075 SPINNERS, WEAVERS, KNITTERS, DYERS AND RELATED WORKERS		29		
0751 Fiber Preparers			29	
0752 Spinners and Winders			34	
07520 Spinner				34
0753 Weaving-and Knitting-Machine Setters and Pattern-Card Preparers			30	

Occupation	Prestige Score			
	Major group	Minor group	Unit group	Occu-pation
07530 Machine Loom Fixer, Operator				30
0754 Weavers and Related Workers			32	
07540 Weaver				30
07541 Cloth Grader				33
0755 Knitters			29	
07550 Knitting Machine Operator				29
0756 Bleachers, Dyers and Textile Product Finishers			25	
07560 Cloth Dyer				25
0759 Spinners, Weavers, Knitters, Dyers and Related Workers n.e.c.			26	
07590 Textile Mill Worker				26
076 TANNERS, FELLMONGERS AND PELT DRESSERS		22		
0761 Tanners and Fellmongers			22	
0762 Pelt Dressers			22	
077 FOOD AND BEVERAGE PROCESSERS		34		
0771 Grain Millers and Related Workers			33	
07710 Grain Miller				33
07711 Grain Mill Owner-Operator				42
0772 Sugar Processers and Refiners			45	
07720 Sugar Boiler				45
0773 Butchers and Meat Preparers			24	

Occupation	Prestige Score			
	Major group	Minor group	Unit group	Occu-pation
07730 Butcher				31
07731 Packing House Butcher				18
07732 Master Butcher				45
0774 Food Preservers			35	
07740 Cannery Worker				35
0775 Dairy Product Processers			34	
0776 Bakers, Pastrycooks and Confectionery Makers			33	
07760 Baker				33
07761 Master Baker				48
0777 Tea, Coffee and Cocoa Preparers			34	
0778 Brewers, Wine and Beverage Makers			34	
07780 Moonshiner				6
0779 Food and Beverage Processers n. e. c.			34	
07790 Fish Butcher				34
078 TOBACCO PREPARERS AND TOBACCO PRODUCT MAKERS		34		
0781 Tobacco Preparers			34	
0782 Cigar Makers			28	
07820 Cigar Maker				28
0783 Cigarette Makers			34	
0789 Tobacco Preparers and Tobacco Product Makers n. e. c.			39	

Occupation	Prestige Score			
	Major group	Minor group	Unit group	Occu-pation
07890 Tobacco Factory Worker				39
079 TAILORS, DRESSMAKERS, SEWERS, UPHOLSTERERS AND RELATED WORKERS		34		
0791 Tailors and Dressmakers			40	
07910 Tailor				40
07911 Custom Seamstress				39
0792 Fur Tailors and Related Workers			35	
07920 Fur Coat Tailor				35
0793 Milliners and Hatmakers			32	
07930 Milliner				32
0794 Patternmakers and Cutters			41	
07940 Garment Cutter				41
0795 Sewers and Embroiderers			26	
07950 Sewing Machine Operator				26
0796 Upholsterers and Related Workers			31	
07960 Upholsterer				31
0799 Tailors, Dressmakers, Sewers, Upholsterers and Related Workers n. e. c.			34	
080 SHOEMAKERS AND LEATHER GOODS MAKERS		26		
0801 Shoemakers and Shoe Repairers			28	
08010 Shoemaker, Repairer				28

Occupation	Prestige Score			
	Major group	Minor group	Unit group	Occu-pation
0802 Shoe Cutters, Lasters, Sewers and Related Workers			28	
0803 Leather Goods Makers			22	
08030 Leather Worker				22
081 CABINETMAKERS AND RELATED WOODWORKERS		36		
0811 Cabinetmakers			40	
08110 Cabinetmaker				40
0812 Woodworking-Machine Operators			36	
0819 Cabinetmakers and Related Woodworkers n. e. c.			31	
08190 Cooper				28
08191 Wood Vehicle Builder				34
082 STONE CUTTERS AND CARVERS		38		
0820 Stone Cutters and Carvers			38	
08200 Tombstone Carver				38
083 BLACKSMITHS, TOOLMAKERS AND MACHINETOOL OPERATORS		36		
0831 Blacksmiths, Hammersmiths and Forging-Press Operators			35	
08310 Blacksmith				34
08311 Forging-Press Operator				36
0832 Toolmakers, Metal Patternm-akers and Metal Markers			40	
08320 Tool and Die Maker				40

Occupation	Prestige Score			
	Major group	Minor group	Unit group	Occupation
08321 Metal Patternmaker				39
0833 Machine-Tool Setter-Operators			38	
08330 Machine Set-Up Man				40
08331 Turner				37
0834 Machine-Tool Operators			38	
08340 Machine Operator in Factory				38
0835 Metal Grinders, Polishers and Tool Sharpeners			27	
08350 Saw Sharpener				19
08351 Polishing Machine Operator				
0839 Blacksmiths, Toolmakers and Machine-Tool Operators n.e.c.			40	
08390 Locksmith				
084 MACHINERY FITTERS, MACHINE ASSEMBLERS AND PRECISION INSTRUMENT MAKERS (EXCEPT ELECTRICAL)		43		
0841 Machinery Fitters and Machine Assemblers			42	
08410 Machinist or Fitter				43
08411 Aircraft Worker				42
08412 Millwright				40
0842 Watch, Clock and Precision Instrument Makers			47	
08420 Watch Maker, Repairman				40
08421 Fine Fitter				42

Occupation	Prestige Score			
	Major group	Minor group	Unit group	Occu- pation
08422 Dental Mechanic				60
0843 Motor Vehicle Mechanics			44	
08430 Garage Mechanic				43
08431 Garage Operator				47
0844 Aircraft Engine Mechanics			50	
08440 Airplane Mechanic				50
0849 Machinery Fitters, Machine Assemblers and Precision Instrument Makers (Except Electrical) n. e. c.			30	
08490 Mechanic, Repairman				43
08491 Bicycle Repairman				28
08492 Mechanic's Helper				31
08493 Assembly Line Worker				30
08494 Unskilled Garage Worker				18
085 ELECTRICAL FITTERS AND RELATED ELECTRICAL AND ELECTRONICS WORKERS	41			
0851 Electrical Fitters			38	
08510 Electrical Fitter				38
0852 Electronics Fitters			48	
0853 Electrical and Electronic Equipment Assemblers			48	
08530 Electronic Assembler				48
0854 Radio and Television Repairmen			42	
08540 Radio, TV Repairman				42

Occupation	Prestige Score			
	Major group	Minor group	Unit group	Occu-pation
0855 Electrical Wiremen			44	
08550 Electrician				44
08551 Master Electrician (Own Shop)				48
0856 Telephone and Telegraph Installers			35	
08560 Telephone Installer				35
0857 Electric Linemen and Cable Jointers			36	
08570 Power Lineman				36
0859 Electrical Fitters and Related Electrical and Electronics Workers n. e. c.			40	
086 BROADCASTING STATION AND SOUND EQUIPMENT OPERATORS AND CINEMA PROJECTIONISTS		44		
0861 Broadcasting Station Operators			53	
08610 Broadcasting Station Operator				53
0862 Sound Equipment Operators and Cinema Projectionists			34	
08620 Motion Picture Projectionist				34
087 PLUMBERS, WELDERS, SHEET METAL AND STRUCTURAL METAL PREPARERS AND ERECTORS		38		
0871 Plumbers and Pipe Fitters			34	
08710 Plumber				34
08711 Master Plumber (Own Business)				45

Occupation	Prestige Score			
	Major group	Minor group	Unit group	Occu-pation
0872 Welders and Flame-Cutters			39	
08720 Welder				39
0873 Sheet-Metal Workers			34	
08730 Sheet-Metal Worker				36
08731 Copper, Tin Smith				32
08732 Boilermaker				31
08733 Vehicle Body Builder				36
0874 Structural Metal Preparers and Erectors			44	
08740 Structural Steel Worker				44
088 JEWELRY AND PRECIOUS METAL WORKERS		43		
0880 Jewelry and Precious Metal Workers			43	
08800 Jeweler, Goldsmith				43
08801 Master Jeweler, Goldsmith				57
089 GLASS FORMERS, POTTERS AND RELATED WORKERS		31		
0891 Glass Formers, Cutters, Grinders and Finishers			37	
08910 Lens Grinder				41
08911 Glass Blower				33
0892 Potters and Related Clay and Abrasive Formers			25	
08920 Potter				25
0893 Glass and Ceramics Kilnmen			31	

Occupation	Prestige Score			
	Major group	Minor group	Unit group	Occu-pation
0894 Glass Engravers and Etchers			31	
0895 Glass and Ceramics Painters and Decorators			31	
0899 Glass Formers, Potters and Related Workers n. e. c.			31	
090 RUBBER AND PLASTICS PRODUCT MAKERS		30		
0901 Rubber and Plastics Product Makers (Except Tire Markers and Tire Vulcanizers)			30	
0902 Tire Makers and Vulcanizers			30	
091 PAPER AND PAPERBOARD PRODUCTS MAKERS		28		
0910 Paper and Paperboard Products Makers			28	
092 PRINTERS AND RELATED WORKERS		41		
0921 Compositors and Typesetters			42	
09210 Printer				42
09211 Master Printer				51
0922 Printing Pressmen			41	
09220 Printing Pressman				41
0923 Stereotypers and Electrotypers			41	
0924 Printing Engravers (Except Photoengravers)			41	
09240 Metal Engraver				41
0925 Photoengravers			46	

Occupation	Prestige Score			
	Major group	Minor group	Unit group	Occupation
09250 Photoengraver				46
0926 Bookbinders and Related Workers			32	
09260 Bookbinder				32
0927 Photographic Darkroom Workers			36	
09270 Photograph Developer				36
0929 Printers and Related Workers n. e. c.			52	
09290 Graphics Printer				52
093 PAINTERS		30		
0931 Painters, Construction			31	
09310 Building Painter				31
09311 Master Building Painter				39
0939 Painters n. e. c.			29	
09390 Automobile Painter				29
094 PRODUCTION AND RELATED WORKERS n. e. c.		31		
0941 Musical Instrument Makers and Tuners			33	
09410 Piano Tuner				33
0942 Basketry Weavers and Brush Makers			21	
09420 Basketweaver				21
0943 Non-Metallic Mineral Product Makers[23]			30	
0949 Other Production and Related Workers			41	

Occupation	Prestige Score			
	Major group	Minor group	Unit group	Occu-pation
09490 Quality Checker				39
09491 Ivory Carver				33
09492 Taxidermist				50
09493 Calabash Maker				23
095 BRICKLAYERS, CARPENTERS AND OTHER CONSTRUCTION WORKERS		31		
0951 Bricklayers, Stonemasons and Tile Setters			34	
09510 Mason				34
0952 Reinforced-Concreters, Cement Finishers and Terrazzo Workers			34	
09520 Cement Finisher				34
0953 Roofers			31	
09530 Roofer				31
0954 Carpenters, Joiners and Parquetry Workers			37	
09540 Carpenter				37
09541 Master Carpenter				48
09542 Carpenter's Helper				23
0955 Plasterers			31	
09550 Plasterer				31
09551 Master Plasterer				39
0956 Insulators			28	
09560 Insulation Installer				28

Occupation	Prestige Score			
	Major group	Minor group	Unit group	Occu- pation
0957 Glaziers			26	
09570 Glazier				26
0959 Construction Workers n. e. c.			28	
09590 Paperhanger				24
09591 Master Paperhanger				38
09592 Maintenance Man				28
09593 Skilled Construction Worker				46
09594 Construction Laborer n. e. c.				26
09595 Unskilled Construction Laborer				15
09596 House Builder				36
096 STATIONARY ENGINE AND RELATED EQUIPMENT OPERATORS		38		
0961 Power-Generating Machinery Operators			42	
09610 Power Station Operator				42
0969 Stationary Engine and Related Equipment Operators n. e. c.			34	
09690 Stationary Engineer				34
097 MATERIAL-HANDLING AND RELATED EQUIPMENT OPERATORS, DOCKERS AND FREIGHT HANDLERS		22		
0971 Dockers and Freight Handlers			20	
09710 Longshoreman				21
09711 Warehouse Hand				20

Occupation	Prestige Score			
	Major group	Minor group	Unit group	Occupation
09712 Porter				17
09713 Railway, Airport Porter				18
09714 Packer				22
0972 Riggers and Cable Splicers			32	
0973 Crane and Hoist Operators			32	
09730 Power Crane Operator				39
09731 Drawbridge Tender				25
0974 Earth-Moving and Related Machinery Operators			32	
09740 Road Machinery Operator				32
0979 Material-Handling Equipment Operators n. e. c.			28	
098 TRANSPORT EQUIPMENT OPERATORS		28		
0981 Ships' Deck Ratings, Barge Crews and Boatmen			29	
09810 Seaman				35
09811 Boatman				23
0982 Ships' Engine-Room Ratings			25	
09820 Ship's Engine-Room Hand				25
0983 Railway Engine Drivers and Firemen			34	
09830 Locomotive Engineer				43
09831 Locomotive Fireman				33
09832 Ore Train Motorman in Mine				27

Occupation	Prestige Score			
	Major group	Minor group	Unit group	Occu-pation
0984 Railway Brakemen, Signalmen and Shunters			29	
09840 Railway Switchman, Brakeman				29
0985 Motor Vehicle Drivers			31	
09850 Taxi Driver				28
09851 Bus, Tram Driver				32
09852 Driver, Truck Driver				33
09853 Small Transport Operator				39
09854 Truck Driver's Helper				15
09855 Driving Teacher				41
0986 Animal and Animal-Drawn Vehicle Drivers			22	
09860 Animal Driver				18
09861 Wagoneer				26
0989 Transport Equipment Operators n.e.c.			24	
09890 Pedal-Vehicle Driver				17
09891 Railway Crossing Guard				30
099 MANUAL WORKERS n.e.c.		32		
0995 Skilled Workers n.e.c.			46	
09950 Skilled Worker				42
09951 Independent Artisan				50
0997 Semi-Skilled Workers n.e.c.			33	

Occupation	Prestige Score			
	Major group	Minor group	Unit group	Occu-pation
09970 Factory Worker				29
09971 Apprentice				37
0999 Laborers n.e.c.			18	
09990 Laborer				19
09991 Unskilled Factory Laborer				18
09992 Contract Laborer				8
09993 Itinerant Worker				20
09994 Railway Track Worker				33
09995 Street Sweeper				13
09996 Garbage Collector				13
09997 Road Construction Laborer				20
10 MEMBERS OF THE ARMED FORCES	42			
100 MEMBERS OF THE ARMED FORCES		42		
1000 Members of the Armed Forces			42	
10000 High Armed Forces Officer				73
10001 Armed Forces Officer				63
10002 Non-Commissioned Officer				44
10003 Soldier				39
11 NEW WORKERS SEEKING EMPLOYMENT	32			
110 NEW WORKERS SEEKING EMPLOYMENT		32		

Occupation	Prestige Score			
	Major group	Minor group	Unit group	Occu-pation
1100 New Workers Seeking Employment			32	
11000 New Worker Seeking Employment				32
12 UNCLASSIFIABLE OCCUPATIONS	40			
120 UNCLASSIFIABLE OCCUPATIONS		40		
1200 Unclassifiable Occupations			40	
12000 Unclassifiable Occupation				40
13 NOT IN LABOR FORCE	41			
130 NOT IN LABOR FORCE		41		
1300 Not in Labor Force			41	
13000 Lives Off Stock-Bond Income				55
13001 Lives Off Income from Property				57
13002 Lives Off Inheritance Income				48
13003 Agricultural Land Owner				65
13004 Lives Off Social Security				30
13005 Lives From Public Assistance				16
13006 Beggar				15

資料來源: Treiman, 1977: 235~259.

第七章　社會階層與階層行為

一、前　言

在現今的複雜社會裡，人們的社會生活諸領域，幾乎沒有一樣不是因為社會階層的不同而有所差異。個人因所屬的階層或階級之不同，而有不同的行為。換言之，社會階層或階級影響人們的生活機會 (life chances)，生活方式 (ways of life)，和階級行動 (class action)。生活機會和生活方式乃是韋伯所強調的，而階級行動則是馬克斯階級理論的核心概念之一。由於社會階級或社會階層影響人類的社會生活，社會學家在做研究時，不管其研究領域為何，常把社會階層或階級視為一主要的變數之一。不是視為一個重要的自變數，就是設法加以統計上的控制。底下，我們將分別探討政治、社會和經濟等方面的社會生活如何受階層或階級的影響。

二、政治方面：投票行為

在政治方面，我們將以投票行為做為代表，探討其與社會階層之

關係。 投票行為是階層或階級行為在政治方面的最具體表現。 事實上，投票行為常被視為是「民主的階級鬥爭」(the democratic class struggle) (Lipset, 1963:230)。 兩者的關係， 我們可從兩個意義來看： 一是不同的階級，可能屬於不同的政黨；二是不同的階級，它們的投票行為則不同。一般而言，歐美的政黨常是以階級為基礎而成立的。傳統上，民主黨得到較多數的低下階層的支持，而共和黨或自由黨 (Whig) 得到較多數的中上階級的支持。

然而,強調階級是人們的政黨選擇和投票行為的主要因素,是否意味著人口比例佔多數的下層階級將永遠掌握政權呢？從歷史上來看，我們也知道並不盡然。現今美國共和黨的繼續第二度掌握政權，即為一例。十九世紀一些保守人士認為，假如給下層階級人士選舉權，由於下層階級將依他們的利益投票，因此保守人士擔心下層階級由於其人口比例佔多數而輕易贏得選舉。事後證明，這種擔心雖有其道理，但仍是過度的擔心。雖然人們傾向於依其階級利益而投票，但是普遍的選舉權並不意味著代表下層階級利益的政黨將永遠得勝。事實上，馬克斯早就悲觀地指出， 下層階級人們， 由於受到錯誤意識 (false consciousness) 的指引， 常不易確切認識到他們真正的階級利益之所在，因此反而支持不符合他們階級利益的政黨或團體。簡言之，人們雖然傾向於依其階級和階級利益而投票，但是階級與投票行為並非經常緊密地扣合在一起。 而且， 代表人口比例佔多數的下層階級的政黨，也非經常贏得選舉。為何如此呢？我們可以從幾方面加以說明：

(1) 其他因素的影響：階級雖然是影響投票行為的重要結構性因素，但並非是唯一的因素。投票行為還受其他結構性因素的影響。這些結構性因素，除了階級之外，還包括 (Lipset 1963:231)：

(a) 宗教： 就美國而言，通常天主教徒支持民主黨，而清教徒較

支持共和黨。

（b）種族、民族的不同：在美國，少數民族（包括黑人及西班牙後裔）較傾向於民主黨。

（c）地區性的忠心（regional loyalty）：一般而言，某一地域可能會傾向於支持某一政黨。例如，傳統上，美國南方諸州，即所謂的深遠的南方(the deep south)通常都是投票給民主黨。民主黨的卡特當年乃受到南方諸州的支持而獲得當選。另外，也是由於南方諸州經濟較為落後，所以他們更會支持來自同一地區（卡特來自南方的喬治亞州）的候選人的政黨。

（d）性別：女性比男性更傾向於支持保守黨派。

（e）年齡：年輕人較支持左翼或自由派政黨，老年人較傾向支持保守政黨。

（f）鄉村或都市的影響：一般而言，鄉村較支持保守政黨，而都市則傾向於支持自由派的政黨。

接著，我們來探討一下臺灣地區的投票行為是否也受上述結構性因素的影響，或有其他因素影響？我們先就上述 Lipset 所提各點，逐一加以討論：

（a）宗教：宗教因素在臺灣似乎沒有造成明顯的影響，比較特殊的，只有基督教中的長老教會過去曾有一些特殊事件顯示他們是較支持無黨派的。

（b）種族、民族的不同：我們若將其定義為省籍的差異，那就顯而易見其對投票行為是有相當程度的影響。一般而言，三十多年來，從臺灣地區所舉辦過的選舉而看，無黨派的得票率，平均是在百分之三十左右，其中得自外省籍的支持，可以說是非常之少，這表示說這百分之三十的得票率大都來自於本省籍的支持。而就臺灣總投票

人口而言，有四分之三是本省籍，而四分之一是外省籍，因此，本省籍中，大概有百分之四十左右的選民是投票給無黨派的。

(c) 地區性的忠心：在臺灣，地方派系對選舉的影響乃是眾所皆知的事實。尤其是較地方性的選舉，例如縣市長、縣市議員、鄉民代表，受地方派系的影響也就愈大。

(d) 性別：在臺灣似乎不構成影響，顯示仍受傳統「夫唱婦隨」的影響。

(e) 年齡：在臺灣似乎也是沒有明顯的影響。

(f) 都市或鄉村的影響：無黨派在都市的得票率遠比在鄉村為多。

胡佛 (1985: 20) 在其「臺灣省民的政治參與行為」的經驗研究中指出，對臺灣地區選舉參與最具影響力的因素是對政治關切較強者，其次則為職業地位較佳者，而政治關切受教育的影響最為顯著，即教育程度愈高者，愈對政治關切。

不管是美國選民的投票行為，或是臺灣地區選民的投票行為，上述的這些影響投票行為的其他因素，例如，宗教、種族、地區性的忠心、性別、年齡、都市與鄉村之差異等等，由於這些因素與階級因素彼此之間交叉影響 (crosscutting)，產生了制衡作用，階級對投票行為的特殊影響力，因而被冲淡了不少。

(2) 採行迎合下層階級的方案：一般而言，共和黨、保守黨和其他保守的右翼政黨常是與上層階級或其他優勢團體的利益結合在一起。從歷史上來看，保守的右翼政黨經常是護衛既存的權力和特權，對世襲的地位、財富和其他天生的不平等較為寬容。民主黨、左翼政黨和其他自由派之政黨則極力倡導取消特權，力求平等和機會均等，照顧居劣勢地位的團體之利益。在民主政治的正常運作之下，彼此並

不是以階級利益為名義而相互攻擊，而是以原則問題為名義而相爭。
然而，所謂的原則問題其實常代表著不同階級的階級利益。下層階級
工人等所以支持民主黨、左翼政黨和其他自由派政黨的主要原因，依
照學者們的（例如 Lipset, 1963: 243）看法，乃是基於其團體的需
要。工人、下層階級團體的需要，主要為收入的安全感，滿意的工
作，提高自我價值及社會地位，取消特權和其他歧視的措施。這些通
常是民主黨、工黨、左翼政黨和其他自由派政黨的政策目標，因此，
較易得到下層階級和工人的支持。面對這種情形，共和黨和其他保守
政黨，為了得到下層階級和工人的支持，遂也不得不採行迎合他們的
方案，以贏得選舉。然而，這種情形對共和黨和其他保守政黨而言，
可說是帶上一些悲劇色彩的勝利。因為在此情形下，共和黨和其他保
守政黨，縱使贏得選舉，卻放棄不少他們所珍惜的價值和事物。

(3) 強調非階級性的問題：共和黨、左派政黨和其他保守政黨
也深知為贏得選舉而不斷屈服於下層階級和工人的要求並非上策。因
此，他們也經常強調一些非階級性的，屬於全民的共同問題，例如外
交政策，愛國心和民族情緒，道德和候選人的人格特質等等，以訴求
下層階級和工人更多的支持。因此，當共和黨等保守政黨能設法使非
階級性的，即非經濟性的問題成為選民的關心焦點時，則可增加他們
贏得選舉的機會。這種情形，特別是在經濟繁榮時期，配合共和黨和
其他保守政黨通常對大眾傳播媒介的強勢影響力，更易促使他們在選
舉中得勝。

(4) 中產階級的興起：一九八四年美國的大選結果，正如民意測
驗所顯示的一樣，雷根獲得壓倒性的勝利。雷根的勝利，就美國的政
治思潮而言，代表新保守主義的方興未艾；而就美國社會的演變而
言，更意味著美國中產階級的日趨強大。

　　馬克斯曾預言，在資本家與工人的對抗當中，那些介於資本家與工人的中產階級，將隨時代的演進而日益式微。但事實證明，中產階級不但沒有式微，反而日趨強大。舊式的中產階級，例如貴族、地主和小資本家等，雖然沒落了；但新興的中產階級，主要為專門技術人員和經理人員，卻日益壯大。其在美國勞動力所佔的百分比，愈來愈高，足以與工人分庭抗禮而過之。學者們認為，美國社會的演進，亦係早先由農業社會進入工業社會，現在則是由工業社會逐漸進入後工業社會，即資訊社會時代。而自動化與資訊服務的發達，則成為後工業社會的主要分工型態。在此分工型態下，專業知識和人力、物力的統籌運用，更形重要。因此，專門技術人員和經理人員，將是社會的中堅分子。而雷根的當選正是這批社會力日益發揮其影響力的反映。很諷刺地，這批社會力，當年在六〇年代，不少正是到處鬧學潮的嬉皮，現在卻成為八〇年代的雅士，成為美國社會的中堅分子。

　　由於美國的中產階級不論在人口比例和政治影響力上均日益壯大，因此，相對而言，早先在人口比例上佔相當優勢地位的下層階級，其對投票的影響力也隨著減低。這種情形，美國的民主黨派人士，已逐漸體會到。因此，一些民主黨派人士乃開始呼籲：民主黨不可只成為少數民族、少數宗教、婦女和下層階級的政黨，而它應該力爭上游，拓展視野到其他社會階層，以開發更多的票源，方能在選舉獲勝。

　　隨著教育的普及，工商業的發達，社會的進展，二十世紀中產階級的崛起，乃是全世界共同的現象。臺灣社會也是如此，臺灣社會的中產階級，其主要的構成分子，應是建築師、工程師、律師等「師」字輩人士，以及企業幹部和公教人員。其所佔全國人口比例的百分比，也愈來愈高，估計約接近百分之二十。他們的思想和見解，雖不

一定爲人所知，但他們的思想比較敏銳，學識較爲豐富，經濟基礎不弱，對他們所處的時代、國情和社會，有相當深刻的認識，形成他們相當特出的生活方式和思想體系，成爲臺灣的社會精英。我們實在必須對這批人多多瞭解，不讓他們成爲沈默的社會精英。如何讓這批人發揮所長，以盡其時代任務，應是我們全體社會所應關心的。

三、社會方面

有關說明不同社會階層的社會生活方式和生活機會之理論，主要有二種，卽文化變異 (culture variation) 論和次文化 (subculture) 論。

（一）**文化變異論：** 此基本上乃是從功能論衍生出來的看法。文化變異論基本上認爲社會上有一致的信仰、價值及態度，而這些共同的信仰、價值、態度不因階級而不同。而階層行爲的不同主要包括對這些中心價值之一些差異，和執著程度的不同而形成的。

（二）**次文化論：** 次文化論的假設，主要來自社會學的犯罪理論中，Sutherland (1949) 所謂的「差異結合理論」(differential association theory) 而來。基本上，Sutherland 等次文化論者認爲，每一個階級或多或少成立一個獨立的小世界，在這個相當獨立的小世界中，他們的價值、信仰與其他的小世界會有所不同。另一方面，由於他們也是處在整個大世界的架構裏，必須與其他階級彼此來往，因此，爲了與其他階級的來往，就會發展出一個共同的一致性。但是，除此之外，各個階級的信仰、價值和行爲仍有其相當的獨特性。而各個階級之所以會產生不同的信仰和價值體系，乃因爲每一階級所面臨的生存環境不同，需求不同，因此，從不同的生存挑戰的環境中而演

變出不同的價值體系。

底下我們將具體探討不同的社會階層在社會生活領域裡之若干差異:

(一)若將階級分為上層階級、中產階級、下層階級而言，他們的生活型態會有何異同？ 首先就相同點而言， 根據美國學者 Guns (1962) 對美國社會的次文化之研究顯示， 在家庭型態方面， 上層階級與下層階級多為大家庭型態，而中產階級則為小家庭型態。上層階級是為了維護它本身的利益所以發展成大家庭，而下層階級主要就是為了人多以便互相幫助。 另外， 上層階級與下層階級在家庭教育方面， 同樣也不強調社會流動， 而中產階級則特別注重社會流動。 其理由主要是上層階級希望永遠鞏固他們的高地位，社會流動對他們而言，意指向下流動；而下層階級由於自覺所處環境太惡劣，根本沒有能力去談流動。因此，處此情形，只有中產階級最強調社會流動。然而， 晚近的研究 (Blau and Duncan, 1967; Featherman and Hauser, 1978) 卻顯示， 美國的代間流動率仍然相當高，子與父二代之間仍從事同等職業之傾向並不高，而且上層階級與下層階級社會流動的比率，甚至於高過中產階級。這些研究顯示出美國仍是個機會之樂土，只要肯努力，由木屋至白宮，由擦鞋匠至億萬富翁，這些「美國人之夢」並非無實現之可能。再來，就相異點而言，下層階級較傾向母系中心 (matrifocality)，卽以女性為主的家庭 (female-based family)，父親只是負責經濟上、物質上的責任，而小孩子的管敎、敎養全由母親來負責，此種敎養方式易導致小孩子只是作一些非技術性的工作， 這種情形不但對他們本身很不利， 對整個整體社會更不好。 因為愈是工業社會， 對非技術性工人的需求愈低， 而下層階級卻又敎養出非技術性的下一代，因此，他們在社會上謀職的能力就愈

差了，這不但對其個人不利，對整體社會也是很不好。另外，上層階級與下層階級的生命預期 (life expectancy) 也有所不同，即出生率、死亡率及壽命也都隨著階層不同而有所不同。通常而言，壽命的長短與社經發展的程度是成倒U形的關係 (reverse U-shaped relations)。即在經濟較未發展的時代，上中下階層的壽命幾乎是沒有什麼差異，因為大眾對疾病與死亡的威脅，都還是相當無能為力；到了經濟開始起飛之後，就開始有了差距，上層階級因為有能力得到更好的醫藥照顧，使其壽命延長而死亡率降低；到了極高度的社會發展時，上下階級間的差距又減小了，這可能是因為醫藥的發達，及一些社會福利措施而致使全體人民都可享受到完善的醫藥照顧。

（二）若將階級分為藍領階級與白領階級而言，他們也有所不同。

（1）犯罪型態：對於白領階級的犯罪型態之研究最有名者，乃是 Sutherland (1949) 的古典研究。Sutherland 的研究指出，白領階級偏向於經濟犯罪型態，如貪污、賄賂、仿冒、侵佔公款等等。而藍領階級的犯罪比較屬於傳統式的暴力犯罪，例如，殺人、搶劫、強暴等作奸犯科型的犯罪。這種犯罪型態之不同，Sutherland 認為是由於不同階級的差異結合 (differential association) 之故。

（2）教養方式：通常而言，藍領階級較強調權威型的教養方式，而白領階級則強調民主的教養方式。不過，也有人認為所謂民主方式，其實只是在下達命令句時，口氣較不那麼強硬而已。

（3）對教育的重視：白領階級對教育的重視超過藍領階級 (Mizruchi, 1964; Jencks, 1972; Bowles and Gintis, 1976)。白領階級認為教育本身就是目的，而不只是手段而已，而且他們也較善於利用教育此一社會流動的重要管道，而藍領階級則較不會深切體認教育對他們的重要，且也較不善於利用教育做為向上流動的階梯。因此，

兩者對工作的滿足也不相同，一般而言，藍領階級所從事的工作，特別是那些非技術性的工作，是相當單調的，在此情況下，他們對工作的感覺，就容易陷入馬克斯所謂的「疏離感」(alienation) 當中，因爲，在他們的感覺裏，工作只不過是一種求生的工具。比較而言，白領階級的工作則爲較能發揮創造力的工作，較不易有疏離感產生。

(4) 夫妻間的溝通：一般而言，藍領階級夫妻間的瞭解與溝通是較少的。著名的女人類學家 Komarovsky (1967) 認爲這是由於一些結構性的因素之影響所造成的結果。 這些結構性的阻礙因素中， 第一個因素是因爲藍領階級中， 性別的興趣壁壘分明。 男性、 女性在工作、 娛樂各方面都有所不同， 因此而導致彼此間的興趣難以相投 (trained incapacity to share)。 第二個原因是因爲藍領階級都是普遍的貧窮，再加上他們性別的興趣差異大，因此，更無法培養出更多的興趣，所以，他們的興趣的重疊性就更少了。在這兩個因素下，所以夫妻間的溝通便少了。 Komarovsky 認爲， 在此情況下， 他們的婚姻制度之所以還能維持下去，是由於藍領階級有較親密的親戚和朋友的拉攏和支持的關係，這種關係使夫妻在面對困難時，較易得到親朋的特別支持，乃是植根於藍領階級的次文化體系裡。

四、經濟方面

階級的不同導致消費型態的不同。 首先， 不同階層在食、 衣、住、 行的消費程度就會有所不同。 一般而言， 愈是下層階級的人，他們花費在食的方面的比例愈高，此乃是所謂的恩格斯法則 (Engels law)， 而上層階級的消費型態， 主要有二點較爲突出： 第一點是 Veblen 所謂的顯著性的消費 (couspicuous consumption)， 藉以炫

耀世人。例如，李察波頓買了一顆價值好幾百萬元的大鑽戒給依麗莎白泰勒；或者是阿拉伯產油國家的王室在美國餐館吃飯時，給上百萬元的小費，這些都是報上出名的例子。第二點是地位的象徵 (status symbol)，上層階級常以一些東西來代表其身分與地位。例如，進口轎車、名牌襯衫、名牌香水等等都是。在我國，王湘雲、陳寬政和蔡吉源（1981）所做有關社會經濟地位與消費型態的研究也指出，不同的社經地位與教育程度者，其消費型態也不同。

此外，美國社會上所謂的「雅皮」(Yuppies, 即 Young Urban Professionals 之縮寫)也是著名的例子。「雅皮」們因為經濟較為富裕，教育程度高，所以形成他們獨特的消費型態、生活方式和舉止談吐。他們自認為格調與品味較高，穿著高尚時髦，談吐舉止高雅，上高級餐館用餐，聽一流的歌劇與音樂會。而且他們的交往對象往往只限於同屬圈內的人士，對圈外之人們，則保持相當程度的距離和排斥性，形成社會上為人所側目的一輩，近似於韋伯所謂的「地位團體」。

參 考 資 料

王湘雲、陳寬政、蔡吉源

1981 「社會經濟地位與消費型態」南港: 中央研究院三民主義研究所第一次社會指標會議論文集。149-169頁。

胡　佛

1985 「臺灣省民的政治參與行為: 結構與類型的比較分析」 南港: 中央研究院三民主義研究所第四次社會科學會議論文。

Blau, P. and O. D. Duncan

1967 *The American Occupational Structure.* New York: Wiley.

Bowles, S. and H. Gintis

1976 *Schooling in Capitalist America.* New York: Basic Books.

Featherman, D. L. and R. M. Hauser

1978 *Opportunity and Change.* New York: Academic Press.

Gans, Herbert J.

1962 *The Urban Villagers.* New York: The Free Press.

Jencks, C. et. al.

1972 *Inequality.* New York: Harper and Row, Publishers.

Komarovsky, Mirra

1967 *Blue-Collar Marriage.* New York: Vintage Books.

Lipset, S. M.

1963 *Political Man.* New York: Anchor Books.

Mizruchi, E. H.

　1964 *Success and Opportunity.* New York: The Free Press.

Sutherland, Edwin H.

　1949 *White Collar Crime.* New York: Holt, Rinehart and Winston.

第八章 已開發國家的社會階層——美國

對於已開發國家的社會階層，我們將以美國為例，來探討已開發國家的社會階層分佈情形。對於當代美國的社會階級之研究，最富盛名者，首推 E. O. Wright。Wright (1977, 1979, 1982) 從衝突論的觀點去界定階級，然後輔以實證資料，去探討美國社會階級的分配情形及其所顯示出來的一些特性。

Wright 以生產的社會關係(social relations of production)之四個指標去界定階級，此四個指標是(1)自營或受僱；(2)受僱者人數；(3) 經理位置：經理位置愈高者，代表其權威 (authority) 也愈高；和 (4) 工作自主性。 依此四個指標而形成的階級結構總共有六個階級，即 (1) 資產階級 (bourgeoisie)；(2) 小雇主 (small employer)；(3) 小資產階級 (petty bourgeoisie)；(4) 經理和監督 (managers and supervisors)：又分為 (a)經理；(b)佐理(advisory managers)；以及 (c) 監督；(5) 半自主之受僱者 (semiautonomous employer)；和 (6) 工人 (workers)。這六個階級的界定標準如表一所示：

表一　階級結構的運作類型

運作定義 階　級	自　營 或 受　雇	受雇人數	經理位置	工　作 自　主　性
資產階級	自　營	10人以上	×[a]	×
小雇主	自　營	2~9人	×	×
小資產階級	自　營	0~1人	×	×
經理和監督	受　雇	×	×	×
(1)經　理	受　雇	×	1[b]	×
(2)佐　理	受　雇	×	2	×
(3)監　督	受　雇	×	4	×
半自主受雇者	受　雇	×	3~5	1~3[c]
工　人	受　雇	×	3~5	4~6

　　說明：(a) ×代表指標不適用。
　　　　　(b) 數目愈小，代表經理位置愈高，即權成 (authority) 愈高。
　　　　　(c) 數目愈小，代表工作自主性愈高。
　資料來源：Wright, et. al., 1982:717.

　　依照表一的階級定義，**Wright** 等人以他們的實際調查資料，所得到的美國各階級所佔的人口比例如表二：

表二 美國的階級分佈圖 (1980年)

階 級 位 置	人 口 百 分 比
小 資 產 階 級	6.8
小 雇 主	6.0
資 產 階 級	1.8
經 理 和 監 督	29.6
(1)經 理	12.3
(2)佐 理	4.5
(3)監 督	12.8
半 自 主 受 雇 者	9.5
工 人	46.3

資料來源: Wright, et. al., 1982: 718.

　　從表二我們可以看出，工人階級在美國所有各個社會階級中佔有最高比例 (46.3%)，而經理和監督階級所佔的比例也愈來愈高(29.6%)，僅次於工人階級。這與當初馬克斯理論所預測的恰好相反。馬克斯認爲中產階級乃是社會轉型期間的暫時現象，隨著社會的演進，中產階級不是升爲資產階級，就是淪爲無產階級。但事實證明，中產階級不但沒有隨著時間而消失，反而愈來愈增加。另外，Wright 的研究也指出，將近一半比例的美國的社會階級具有矛盾性格 (contradictory character)。矛盾性格意指一個階級的階級內容是由同屬兩個基本階級所組成。例如，經理和監督階級，它一方面擁有管工人的權力，但它卻不擁有生產工具。因此，就不擁有生產工具而言，它是屬於工人階級，但就其能發揮權力而言，它又是屬於資產階級。所以說經理和監督階級的階級意義是由兩種階級以上所決定。因此，美國

的階級結構乃是由多元的階級所組成，並非可用任何簡單的二元的兩極化的階級結構加以清礎明白地表達。

除此之外，就性別與種族而言，由表三可以看出，相對於男人與白人而言，美國的婦女與黑人屬於工人階級的比例較高。

表三　美國的種族、性別與階級分佈（百分比）

階　級　類　別	白　人	黑　人	男　性白　人	男　性黑　人	女　性白　人	女　性黑　人
經 理 與 監 督	30.4	20.0	35.3	23.3	24.4	17.2
(1)經　　　理	13.6	7.0	17.0	8.0	9.4	6.1
(2)佐　　　理	4.8	1.3	5.4	1.8	4.1	0.8
(3)監　　　督	12.0	11.7	12.9	13.5	10.9	10.3
半 自 主 受 雇 者	9.5	13.6	9.7	9.4	9.3	16.4
工　　　　　人	43.9	64.0	37.5	63.6	51.9	65.0
小 資 產 階 級	7.4	1.7	6.4	3.6	8.8	0.0
資 產 階 級	8.7	0.7	11.2	0.0	5.6	1.3

資料來源：Wright, et. al., 1982: 725.

最後，Wright 等人並將職業列入社會階級中加以探討。Wright 等人認爲，職業與階級是兩個截然不同的概念，我們須將此二者清礎分開。同一職業的人可能屬於不同的階級，例如開計程車者，他可能是車行老闆，也可能是自有計程車者，也可能是受雇開計程車者。同樣地，同一階級的人也可能是從事於不同的行業或職業，其理甚明。爲了知道各個階級內的職業分佈情形，Wright 等人也用同樣的資料求得階級與職業的交錯表，如表四：

表四　美國的階級與職業分佈交錯表（百分比）

職　　業 ＼ 階　級	經理 (1)	佐理 (2)	監督 (3)	全部 (1+2 +3) (4)	半自動 工人 (5)	工人 (6)	小資產 階級 (7)	資產 階級 (8)
專　業　人　員	21.1	12.5	18.3	51.9	20.1	12.8	9.3	5.9
技　術　人　員	20.6	13.3	16.2	50.1	18.5	24.2	1.8	5.4
老　　　　師	18.3	3.7	5.1	27.1	64.3	7.2	1.4	0
經　　　　理	39.0	5.8	9.8	54.6	3.3	4.8	9.5	27.7
文　　　　書	4.9	2.5	17.0	24.4	3.8	66.6	2.0	3.2
推　　銷　　員	5.3	8.0	0.8	14.1	20.5	43.8	15.6	6.1
技術服務人員	15.6	0.6	24.0	40.2	8.2	36.8	4.0	10.8
手　工　藝　者	8.3	4.1	15.3	27.7	12.5	47.2	6.9	5.7
工　　　　頭	30.4	11.9	51.2	93.5	4.7	1.7	0	0
運輸與操作人員	1.8	1.1	9.1	12.0	1.1	82.5	3.3	1.1
勞　　　　工	3.4	2.1	4.8	10.3	3.4	70.6	5.7	10.1
非技術服務人員	6.4	1.7	6.2	14.3	3.3	65.7	14.4	2.2
農　　　　人	0	6.8	0	6.8	0	0	33.5	59.7

資料來源：Wright, et. al., 1982: 719.

假如階級與職業的確是代表社會結構的二個不同層面的概念，則各個職業內的階級分佈情形應當是有相當程度的異質性。此意指即使階級與職業有相當程度的關連性，但是仍是有相當比例的差異，並非某一職業全然屬於某一階級。Wright 等人的資料正是顯示出此種情形。Wright 等人由表四中加以算出，假使某一職業以最高比例的階級代表此職業的階級，則仍有將近百分之四十五的比例無法被包括進去。例如表四的專業人員，其階級分佈情形以屬於經理與監督階級最高，佔 51.9%。但是如果我們以此階級為專業人員最具代表性的階級，則仍有 48.1%的比例沒有被包括進去。此即顯示，每一職業內的階級分佈情形有相當程度的異質性，即從理論與實際資料而言，階級與職業乃是個相當不同的概念，二者不可混而為一。

表四同時也指出，那些較低層的白領階級，例如文書與店員，非技術服務人員等等，其本身固然是屬於白領階級，但是就他們的階級分佈情形來看，他們屬於工人階級的比例，遠超過屬於經理和監督階級的比例。因此，就生產的社會關係此階級意義而言，他們所呈現出來的階級特性更接近運輸與操作人員、勞工等黑手工人 (manual workers)，而非較高地位的白領階級。故文書、店員及其他非技術性服務人員實應歸為工人階級，而非中產階級。另外，Vanneman (1977)的研究也指出類似的結果。Vanneman 發現大多數的美國的文書人員 (clericals)，無論在代間流動和居住型態的類似性，以及朋友的選擇，都較接近工人階級，而非中產階級。

然而，Gagliani 等人並不同意 Wright 和 Vanneman 等人認為低層的中產階級普羅化 (the proletarianization of the lower-level middle class)的看法。Gagliani (1981) 認為低層的中產階級，即使薪水甚至於比工人低，也不會與工人階級相結合。其主要理由為 (1)

低層的中產階級，主要爲文書、店員等，他們通常在辦公室工作，而非在工廠工作，職業地位較高，工作環境較好，較無危險性；而且因爲在辦公室工作，其工作的接觸對象，主要是老闆和其他較高層次的中產階級人員，因此較易與他們結合；(2) 低層的中產階級者大部份是女性，而她們的先生大都是屬於較高所得的高層中產階級人員，因此更不會與工人階級認同。

　　以上所討論的是美國的階級特性，而這些特性到底是工業先進國家都有的共同現象？還是只是存在於美國的特殊現象呢？對於這個問題，目前 Wright 他們繼續擴大研究芬蘭、瑞典、挪威、澳大利亞、加拿大、英國和義大利等八國，來探討是否美國社會階級的分佈特性與其他先進國家的社會階級之分佈情形相類似。不過，無論如何，工業先進國家仍有一些相同的特質，就資本家而言，其共同的特質就是擁有權與經營權分開。經營權就是指經理、總經理之權利，而擁有權就是指生產工具的持有者之權利，也因爲如此，所以經理及監督階級所佔的比例愈來愈多，因此中產階級便沒有如馬克斯所言愈來愈少，但基本上而言，馬克斯所指的中產階級是舊式的中產階級，如貴族等，的確已沒落。此外，C. W. Mills 在其所著的白領階級(*White Collar*)(1953) 一書中將中產階級分爲舊中產階級與新中產階級。舊中產階級包括農民、商人、自由業之專業人員。新中產階級包括經理、領薪專業人員、推銷員，與辦公室職員。其分佈如表五及表六：

　　由表五及表六可以看出，中產階級的實質內容，已因時代的演變而產生極大的改變。舊式的中產階級佔中產階級之比例愈來愈低，而新中產階級所佔的比例則愈來愈高，而且其所佔全國總勞動力人口的比例也愈來愈高。由 1870 年的 6 ％升到1940年的25％，如依Wright等人的資料，在 1980 年則升至將近30％（見表二）。

表五 美國的中產階級，1870 和 1940 年（百分比）

中　產　階　級	1870	1940
舊　中　產　階　級	85	40
(1)農　　　　　民	62	23
(2)商　　　　　人	21	19
(3)自　由　專　業　人　員	2	2
新　中　產　階　級	15	56
(1)經　　　　　理	2	6
(2)領　薪　專　業　人　員	4	14
(3)推　　銷　　員	7	14
(4)辦　公　室　職　員	2	22

資料來源：C.W. Mills, *White Collar*, 1953：65.

表六 美國的勞動力，1870 和 1940 年（百分比）

總　勞　動　力	1870	1940
舊　中　產　階　級	33	20
新　中　產　階　級	6	25
工　　　　　　　人	61	55

資料來源：C.W. Mills, *White Collar*, 1953：63.

　　就這種情形而言，馬克斯所言中產階級最終會兩極化的概念並非完全錯誤的，因爲他所指的中產階級是指貴族、小資本家或是工匠，但是他沒有想到另一批中產階級會興起，而且所佔比例愈來愈多，而

這最主要的形成原因就是經營權與擁有權的分開。

　　另外，就工人階級的分佈而言，非技術工人佔總勞動力的比例逐漸下降，而技術性工人愈來愈多。就工業先進國家的社會階級的動態方面而言，馬克斯認為階級衝突是不可避免的，將會愈來愈嚴重，唯一的解決之道就是由階級的客觀存在演變成階級主觀的存在，以革命來推翻資產階級。但實際上的情形也並非如馬克斯所預測，到處鬧階級革命，主要是因為階級衝突愈來愈制度化 (institutionalized)。一方面工人漸漸聯合組成工會團體，與資方集體議價；另一方面資方也逐漸組合起來，然後又有政府的力量居中斡旋，因此，整個階級的衝突漸漸制度化，而表現在經濟利益、議價方面，而非表現於政治權力的鬪爭；另外，社會流動的機會也削減了階級衝突的白熱化，由木屋到白宮乃是美國人的夢，種花生出身的卡特，與演員出身的雷根，都能當上美國總統；而且歐美各國的工人之工資也升高了不少，大大增進工人的生活，並沒有如馬克斯所言，工人的工資將會愈來愈惡化。再加上中產階級的興起，介於資本家與工人之間，使階級兩極化的現象並未發生，實有助於緩和勞資階級的對立與衝突。上述這些種種情形，使勞資雙方的階級衝突，並沒有如馬克斯所預言的，將會愈來愈嚴重，以至於引起革命，造成無產階級專政。

參 考 資 料

Gagliani, G.

  1981 "How many working classes?" *American Journal of Sociology* 87: 259-285.

Mills, C. W.

  1953 *White Collar: The American Middle Classes.* New York: Oxford University Press.

Wright, E. O.

  1979 *Class Structure and Income Determination.* New York: Academic Press.

Wright, E. O., C. Costello, D. Hachen and J. Sprague

  1982 "The American class structure." *American Sociological Review* 47: 709-726.

Vanneman, R.

  1981 "The occupational composition of American classes: results from cluster analysis." *American Journal of Sociology* 87: 783-807.

第九章 臺灣社會階層初探

一、前　言

　　有關臺灣社會階層的探討，長久以來，絕大多數都是片面性的，都只探討當中的一部份，例如農民、工人、中產階級等等。至於全面性地探討臺灣的社會階層，就本書作者所知，只有張紹文、許仁眞、包靑天和張景涵(1971)在大學雜誌上所發表的「臺灣社會力的分析」一文。然而這篇文章基本上而言，是屬於政論性的文章，而非學術論文。文中，充滿了許多情緒性的用語，而且沒有任何資料，全是作者們的主觀臆測和判斷。這種缺乏有關臺灣社會階層全盤性探討的情形，至今仍是如此。因此，在缺乏研究資料之下，本書作者只能以有限的資料，運用社會學家 C. W. Mills 所說的「社會學的想像力」(sociological imagination)，嘗試去描述現今臺灣社會階層的特色及其所面臨的一些問題。希望以後能夠有全盤探討臺灣社會階層的實證研究，使有關臺灣社會階層的探討，不致於老是只停留在運用「社會學的想像力」之假設階段，以便深入瞭解臺灣社會。本文將臺灣的社會階層分爲農民、工人、中產階級（包括公敎人員、專業技術人員和

企業幹部）以及資本家，這些構成臺灣社會力的主力，是任何關心臺灣社會者所不能忽視的。

二、農　民

　　為數約二百萬左右的臺灣農民，其佔臺灣的總人口比例雖已下降至低於15％，但仍是一批不可忽視的力量，經過土地改革後的臺灣農民，絕大多數是自耕農。自耕農在所有各類農民（自耕農、佃農、農場工人）當中，是最安份守己，不隨便叫嚷的農民。二、三十年來，他們為臺灣的經濟發展所付出的代價和勞力，實難以計算，同時，他們也默默承受著遠低於其他部門的生活。

　　戰後以來，政府的農業政策，基本上而言，乃是發展和提煉雙頭並進。一方面，政府致力於農業發展，而有土地改革、農產品的改進、耕作的小規模機械化，和其他的一些增進農業生產的措施，使臺灣的農業總生產量，從一九五○年到一九七○年，平均每年約增加百分之五到百分之六左右；另一方面，政府的農業政策也是提煉式的，即政府在促進農業發展之際，同時也把大部份的農業剩餘抽取出來轉移到工業或其他方面的發展。我們所謂的「以農養工」，意義就是如此。這些抽取的方法，主要乃是透過肥料換穀、地租、稻穀購買，和蔗糖銷售分配政策等等而來。因此，農業地區的發展、農業生產的抽取和轉移到其他部門的發展，直接或間接地說明戰後臺灣地區的急遽工業化和快速的經濟成長，但也造成不少的問題 (Sheu, 1984)。

　　首先，近幾十年來，我們的勞力密集，出口導向工業化的發展，可說是奠基在農村所提供的充沛人力，以換取低廉工資上面。然而，農民從經濟發展中所分享到的果實，與其犧牲和貢獻相比，實在不成

比例。　造成此種情形之原因，　除了與供給及需求的市場運作有關之外，還與上述的複雜的政治經濟運作息息相關。因此，造成農民、農業與農村三者嚴重脫節的現象。　據統計，　農民的收入，　現在只有三分之一是從農業生產而來。此外，農民的子弟到都市謀生，也寄回一些錢補貼其父母。因此，今天農村一些表面的繁榮進步，並不是由農業生產本身帶來的，主要乃是依賴農民到附近工廠打零工和兒女的補貼。　但是，　此終究不是良策，長久下去，農民的耕作意願將日益降低，造成農民的怠耕和廢耕，而使農民的總生產量下降。

　　第二個農業問題就是土地愈來愈破碎。土地改革限制每個農民「土地不能超過三甲」，這在當初是為了剷除地主階級，但也漸漸地造成土地支離破碎，而無法大規模的機械化耕作。而且由於中國的繼承制度是諸子平分制，而非長子繼承制，因此幾代繼承下來，土地更形支離破碎，愈不利於大規模機械化耕作，乃有第二次土地改革之議。

　　第三個農業問題就是稻穀生產過剩。稻米是臺灣農業生產的主要作物，經過不斷的技術改良，每年都二熟至三熟的豐收，但隨著經濟發展，人們食的方面趨於多元化，因此，稻米的消耗量便逐漸減少，而造成稻穀的生產過剩。臺灣山多田少，人口眾多，平心而論，實在不合乎發展農業的比較利益原則。由美國進口玉米、黃豆等雜糧，實比國內農民自己生產便宜，而消費者也可享受到較便宜的雜糧及其加工產品。然而，政府一方面基於「以農立國」之道，另一方面基於政治、國防之考慮，也不願意輕言放棄農業。

　　因此，我們須探討應如何多管齊下來解決問題：

　　(1) 由政府保證價格來收購，然後低於市價售出，中間的差額部份由政府來補貼，　或由全體消費者來共同負擔。　這在許多國家都施行，但是我國保證價格收購量僅佔生產量之十分之一，卻已使政府財

政負擔相當重。因而鼓勵農民稻田轉作計畫，而以雜糧進口捐作為政府收購經費的來源。而其實商人為了要付擔雜糧進口捐，早已將此稅捐反映到成本上去，所以事實上，它的意義也就是由全體消費者所負擔。這應該是一個比較公平的方法。

(2) 降低耕作成本。首先必須想辦法擴大耕種面積，現在政府正在想辦法實行第二次的土地改革，即欲突破機械化耕作的瓶頸。也就是欲採合耕制的辦法，將零碎的土地儘量擴大，以利機械化的耕作。另外，並設法使生產價格降低，例如，降低肥料價格。臺灣使用肥料量號稱全世界第一，但肥料價格同樣也是高於鄰近日、韓等國。而肥料佔農業生產成本很高的比例，政府實應想辦法降低肥料價格。

(3) 設法使農業生產多元化：不要再從事單一作物的耕種，而擴展其他經濟作物，例如，花卉、果實等等，比較合於市場的需求而避免供過於求的現象，以增加農民的利潤。現今政府正大力推行精緻農業，其意義也是如此。

(4) 市場功能的自動調節：讓農民轉業，使農民人口降低，而透過供需律的原則，期使其收入能達到一合理的標準。

就未來展望而言，臺灣山多田少，土地仍是臺灣非常有價值的財產，因此，無論是農地或是都市計畫用地，仍是相當有價值的資產。此外，也可能因為未來臺灣將有更多的農地會轉為工業用地，農民也將會從土地上得到一些相當的利潤。

三、工　人

臺灣的工人，有下列特性：

(1) 人數急劇增加：依照「中華民國統計年鑑」的資料顯示，一

九三四年，臺灣的工業工人有七十五萬四千人，到了一九七六年，增加到二百零六萬三千人，增加了百分之二百七十。因此，使得工業工人佔總勞動力的比例也增加，在一九六三年，佔百分之二十一，到了一九七六年，則佔百分之三十六。另外，服務業的工人，例如，餐廳侍者、店員和辦公室小姐，其人數也急速增加。

（2）工業工人大部份都集中於製造業，特別是紡織業與電子業。

（3）工資仍然偏低，工作環境不良，對工人的保護措施也不夠。但勞動基準法的通過實施，對工人的保護增加了不少。

（4）工人並無政治力量，這可從兩個指標來看：

首先而言，臺灣地區勞工糾紛很低。例如，一九六八年，臺灣地區的勞工糾紛只有二十件，牽涉的工人只有五百六十九人，而因此失去的工作日數只有一千五百八十四天，平均一千個工人因為勞工糾紛而荒廢的工時僅有一天 (Sheu, 1985: 200)。

其次，工人工作時間偏長，以製造業為例，臺灣工人的工作時間，在一九六〇年，一星期工作五十六點三小時；一九七〇年，為五十三點八小時；而到一九七六年，為五十一點九小時。雖然隨著年代有下降的趨勢，但仍超過五十個小時 (Sheu, 1985: 198)。

而工人之所以沒有力量的原因，我們可以從以下幾個觀點來看 (Sheu, 1985: 199-212)：

（1）從世界經濟觀點而言：在經濟發展的初期，工人都是相當沒有力量的。而臺灣在工業發展時，在整個世界分工上佔有的地位是屬於邊緣地位，通常屬於邊緣地位的國家，其工人不需要高的技術，工人之間也不需要有密切的互相合作，在此情形下，工人對於資本家的要求是較無力量的。

（2）從臺灣經濟觀點而言：臺灣的經濟發展是勞力剩餘經濟，在

此情形之下，工資乃是決定於傳統區，卽農業區的生存條件，若農業區的生存條件不高，則工資就不高，而且由於勞力剩餘的情形，在早期，工人就業不容易，所以工人較注重能否就業，根本無能力向雇主要求更高的工資。這種情形到了一九七〇年中期才稍微緩和。這些可以從一指標來看最為清楚，就是當工廠開始派遊覽車到國小去接應屆畢業生時，就是反映出臺灣工人開始不夠了，也因此，工資也開始上漲。

(3) 政治原因：臺灣在實行戒嚴法之下，工人不准罷工、遊行或示威。在此情形下，工人的力量被削弱很多，而政府的主要理由是認為欲求經濟發展，需求政治穩定。也因為政治穩定，工人不准罷工，而成為外商來臺投資的最主要誘因，第二個誘因就是工資低廉。

(4) 社會原因：第一個社會原因，就是工會受種種的限制而無法發揮傳統的功能——與資本家議價。反而只扮演娛樂、福利或教育功能而已。造成此種結果之原因，一方面是由於政府的限制，另一方面乃由於工人加入工會的比例很少，再者也由於工會本身的擴散，卽各種工會成立愈來愈多，例如，有地區性的工會，有依產業、職業而分的工會等等，但各個工會所屬的工人又太少，因此使得工會無法發揮它的整體力量。

第二個社會原因，就是女性工人的增加。以製造業為例，依照「中華民國統計年鑑」的資料顯示，女性工人佔全體工人的比例，在一九七七年，達百分之四十七，幾乎佔了工人的一半。而女性工人在傳統上就是比較不容易組織起來發揮政治力量，因此，也妨礙了整個勞工的政治力量。另外，由於女性工人的增加，也易使得男性工人的重心轉移到社交娛樂方面去。

展望未來，雖然有諸多因素使工人的力量無法發揮，但是工人的潛在力量卻是不容忽視的。工人的潛在力量，就如一些社會學家所

言，近代都市及工廠的興起，使成千上萬的工人工作在一起，有利於工人的團結。因此，在這種情形下，便容易促成工人的團結意識及政治組合。不過，隨著經濟發展，工人工資的提高，也會緩和工人的不滿情緒。

目前臺灣正面臨技術轉型的階段，資本家及一些政府立法人員，仍囿於傳統看法，以為提高工資或環境保護的立法，會妨礙臺灣的經濟發展。但事實上，基於許多國家的先例，並不盡然。因為工資的適度提高及環境的保護會成為一種結構性的壓力，迫使資本家作技術改革，以提高生產。我們應該使他們意識到，適度的提高工資，與適度的環境保護，不但不會妨礙臺灣的經濟發展，反而會促進臺灣的技術改革和經濟發展。

四、中產階級

馬克斯曾預言，在資本家與工人的對抗當中，那些介於資本家與工人的中產階級，將隨時代的演進而日益式微。但事實證明，中產階級不但沒有式微，反而日趨強大。舊式的中產階級，例如，貴族、地主和小資本家等，雖然沒落了，但新興的中產階級，主要為專門技術人員和經理人員，卻日益壯大。

隨著教育的普及，工商業的發達，社會的進展，二十世紀中產階級的崛起，乃是全世界共同的現象。臺灣社會也是如此，臺灣社會的中產階級，其主要的構成分子，應是建築師、工程師、律師等「師」字輩人士，即所謂的專業技術人員，以及企業幹部和公教人員。依照瞿海源（1985）的估計，現今臺灣中產階級在人口比例上，約在14%到21%之間。他們的思想和見解，雖不一定為人所知，但他們的思想

比較敏銳，學識較爲豐富，經濟基礎不弱，對他們所處的時代、國情和社會，有相當深刻的認識，形成他們相當特出的生活方式和思想體系，成爲臺灣的社會精英。我們實在必須對這些人多多瞭解，不讓他們成爲沈默的社會精英。如何讓這批人發揮所長，以盡其時代任務，應是我們全體社會所應關心的。底下，我們將就此三類中產階級，加以分析。

(一) 公教人員

依照韋伯的說法，政治次序應可以獨立於經濟次序之外，而與社會次序成爲社會階層的三大層面，因此，政府及領政府薪津的公教人員，常被認爲是一種「擬似階級」。它的特色有:

(1) 政治權力與經濟權力分開: 在很多國家，其權力常是政經合一的，最典型者爲拉丁美洲國家，其擁有大批土地的商業資本家常常控制了當地的政治; 而臺灣則是政治權力與經濟權力適度分開。有錢的人並不一定有權，而有權的人也不一定有錢。雖然二者有相當程度的相關，但重疊性並非很高。例如，代表最高權力的中常委當中，出身於資本家的並不高，就這點而言，韋伯的理論是比馬克斯的理論較適用於臺灣的。而這種政治可以獨立於經濟之外的情形，使得政府在作經濟發展決策時，可依全國的利益爲最高考慮，而不會受到少數大資本家所操縱壟斷。

(2) 省籍差異尙不能忽略。臺灣目前基層公務員中，本省籍的佔絕大多數，而愈往上層，則外省籍所佔的比例就愈高，此乃大家都知道的事，用不著細言。

(3) 中、上階層的公教人員待遇偏低，而形成假平等和反淘汰的現象。臺灣的所得差距，高層公教人員與基層公教人員的差距，只有

四倍左右，若與幾個同等經濟水準的國家比較，韓國高、低層公務人員的差距是接近十倍，香港、新加坡是介於十到十五倍之間，而日本、美國甚至高達幾十倍。而臺灣僅相差四倍。待遇過度平等也就成為孫中山先生所謂的「齊頭式的假平等」，這種情形，最易形成高級公教人員轉往民間企業，也會使人不願意接受長期的教育和訓練，形成尖端金字塔式人才的缺乏。最後，因缺乏適度的誘因而造成反淘汰現象。 公平並不一定要平等， 不平等不見得是不公平， 我們應有此體認。

另外，政府此一「擬似階級」所面臨的一些主要的問題有：

（1）面臨斷層的危機：老一代的人才逐漸消失，而新生代卻無法銜接上去，形成斷層現象。

（2）面臨一種模糊不清的狀況：隨著時間與國際現勢的演變，將迫使政府對所謂的法統問題做適當的解決。

欲解決這些問題，掌權的政府官員實應致力於經濟發展，採取彈性外交，儘量取用新人，最後，而且最重要的是讓全體國民有公平競爭，發揮所長的機會。

（二）專業技術人員

專業技術人員通常是指靠專業知識的應用以維生的人。例如，通常所謂的六大師——建築師、律師、會計師、藥劑師、工程師及醫師等等都是。這些專業技術人員的人口數，就絕對數而言是增加，但是其成長率似乎仍未顯著增加。專業技術人員的需求其實跟經濟發展有很密切的關係。現今社會逐漸由農業社會、工業社會而進入資訊社會。因而對專業技術人員的需求也愈來愈大。臺灣的專業技術人員所面臨的最大問題就是他們的專業程度還不夠。例如，醫生，有正科班、有

軍醫系統、還有中醫，三種的專業程度便有所不同。而律師，除了由考試取得正式執照者之外，又有許多只是透過檢覈的。藥劑師亦是如此，許多眞正的藥劑師常常自己不開業而將執照租給別人去開業。而會計師，常常就是專門在幫一些公司造假帳，比較起來，似乎工程師和建築師的專業化程度較高。凡此種種，在在顯示臺灣專業技術人員的專業水準和專業道德仍是很不夠，仍須大力改進。

（三）企業幹部

企業幹部卽西方所謂的經理級人員，其人數爲各類中產階級之冠。資本家在創業之後，常常需要很多企業幹部幫忙他經營和管理各類事務。尤其現今的企業並非一個人的企業，複雜的企業管理，精細的會計和財務制度，與各種日新月異的科學技術，實非資本家本身所能勝任，而須網羅大批受過良好敎育和訓練的各類人材。尤其在最近的十信風暴和楊鐵事件之後，充分暴露資本家在創業之後，必須有良好的人才幫忙其經營和理財，以建立完善的企管制度，否則管理和財務等種種危機遲早會出現。

五、資　本　家

臺灣近廿多年來快速的經濟和社會變遷，引發了全面性的社會流動，使得作家筆下的「沒落的王孫貴族」和「新興的商場新貴」成爲常見的現象。這批新興的商場新貴，主要有三大類：(1) 由地主變成資本家者；(2) 大陸來臺者；例如，裕隆汽車、遠東紡織、太平洋建設等等；以及 (3) 由黑手發跡者。

進入一九八〇年代中期以後，這批商場新貴似乎顯示出下列特

色：

　　（一）進入一九八〇年代中期以後，臺灣地區快速的社會變遷及其所帶來的社會流動，將會逐漸緩和下來。在此情形之下，由黑手成為董事長，白手起家等種種發跡可能性，將會愈來愈困難。另外，由於公告地價的上漲和土地增值稅的增收，「平均地權，漲價歸公」的政策逐漸具體實行，將使地主一夜之間變成暴發戶的機會愈來愈少。

　　（二）另一方面，當初辛勤創業的資本家，逐漸透過多角化的經營，使財富可能愈來愈集中於少數人，企業的擴大和併吞，例如，「關係企業」、「連鎖商店」等等將愈來愈發達，使壟斷式的資本主義愈來愈明顯，逐漸形成財閥和財團；而且其後代將經由繼承，而非創業，逐漸接掌資本家的事業。為避免地位世襲，使精英循環的管道得以暢通，政府必須從增進教育和人材訓練機會，改進累進所得稅、贈與稅和遺產稅等方面著手，以剷除人們在立足點的不平等。

　　（三）企業的擁有權和經營權分離的問題：臺灣的家族企業，目前有點介於擁有權和經營權之間的混合，即一些重要職位，如財政、會計方面仍是由自己人來管理，其他部門，如生產等部門，則接納外人進入。

　　臺灣的企業，絕大多數是家族企業，但是，隨著前述的企業擴充和併吞，家族企業擴大到某種程度之後，若還是堅持其家族企業的型態，便很可能會被淘汰，而臺灣目前正是處此過渡時期的階段。如何使擁有權和經營權適度地分開，乃是資本家必須逐漸面臨的問題。

六、結　論

　　總之，本文旨在拋磚引玉，希望關心臺灣社會的各界人士，能夠

正視臺灣的社會階層之特色及其一些問題，以便能更深入瞭解我們自己的社會。

參 考 資 料

張紹文、許仁眞、包靑天和張景涵

1971 「臺灣社會力的分析」，大學雜誌，43期，32-35頁；
44期，14-25頁；45期，20-26頁。

瞿海源

1985 「中產階級興起及其意義的認定」，中國時報，10月25日。

Sheu, Jia-you

1984 "Agricultural surplus extraction and export oriented industrialization in South Korea, Taiwan, Hong-Kong and Singapore: a world-systems perspective." *National Taiwan University Journal of Sociology* 16: 58-79.

1985 "A study of the characteristics of labor forces in four semiperipheral areas." *Chinese Journal of Sociology* 9: 189-216.

第十章 社會流動：㈠地位取得研究

一、前 言

本書在前面幾章所探討的是社會階層化，屬於本書的第一大部分。底下幾章所要探討的是社會流動，屬於本書的第二大部分。社會階層化與社會流動是一體之兩面。有了階層化現象，才有社會流動的可能。

社會流動的研究，在社會學的諸研究領域裏，可說是量化程度最深的一門，尤其現今有關社會流動的研究，幾乎全是經驗研究（empirical study），而且都是用非常複雜嚴謹的統計方法。因此，對於統計與方法論較不熟悉的讀者，可能增加閱讀上的困難。故除非必要，本書將儘可能用文字敍述社會流動的研究，對於數字部分，也儘量加以文字說明，至於其中所用的統計技術，則非屬於本書的介紹範圍。但對於統計方法不熟的讀者，並不會因此而妨礙到對本書的瞭解。

社會流動（social mobility）的研究，以美國社會學大師薩羅金（Pitirim A. Sorokin）為開創者。薩羅金的 1927 年之古典名著「社會流動」（*Social Mobility*）一書，代表著社會學界對此主題的系

統研究之開始。 而他為社會流動所做的分類， 卽垂直流動 (vertical mobility) 和水平流動 (horizontal mobility)，已被社會學界所共同接受。水平流動意指個人從某一社會位置轉移到同樣高低的另一個社會位置。垂直流動意指個人從某一社會位置轉移到高低不一樣的另一個位置。因此，它可能是向上流動(upward mobility) (薩羅金稱之為 ascending 或 social climbing)； 也可能是向下流動 (downward mobility) (薩羅金稱之為 descending 或 social sinking)。

除了定義式的說明社會流動之外，薩羅金還闡述造成社會流動的原因。他把這些原因歸納成三大類，卽人口特質，環境之改變，主要為技術變遷，以及父母與子女之間的天生能力並非一致而造成的社會流動。 薩氏對社會流動的理論說明， 至今仍被認為歷久彌新， 事實上，自薩羅金以來有關社會流動的理論闡述，還很少能超越薩氏的理論架構。

薩羅金對社會流動的研究，引起後來社會學界對社會流動研究之廣泛興趣。因此，自從薩氏以後，有關社會流動，尤其是美國社會流動的研究，就相當多。其中，主要的有 S. M. Lipset 與 Reinhard Bendix 二人合著的 「工業國家的社會流動」 (*Social Mobility in Industrial Society*) (1959 年) ，Joseph A. Kahl 的 「美國的階級結構」 (*The American Class Structure*) (1961 年) ，以及 S. M. Miller 的 「比較社會流動」 (*Comparative Social Mobility*) (1961 年) 等等。

然而， 前述這些學者對社會階層和社會流動的研究， 大都只限於理論的闡述， 而 缺 乏 經 驗 的 證 明。 卽使有些社會學者如邊地斯 (Reinhard Bendix) 和李普賽 (Seymour M. Lipset) (1959) 等人以經驗資料去驗證社會階層理論， 尤 其 是 有關社會流動 (social mobility) 的研究。但因他們所用的研究方法大都仍是限於社會流動表等粗淺的描述性的統計資料，仍無法對社會階層理論，特別是關於社會流動，加以嚴謹的驗證。這種情形，一直到 Blau 和 Duncan 二人合著的「美國職業結構」(*The American Occupational Structure*) 一書在 1967 年出版之後，開始有了極大的改變。他們二位，以相當複雜嚴謹的統計方法——路徑分析 (path analysis)，去探討美國人民在教育、職業方面的成就受其社會出身，即其父親的教育與職業的影響有多大? Blau 與 Duncan 的研究，引發了美國社會學界對地位取得研究 (status attainment research) 的廣泛興趣，同時也奠定了社會流動經驗研究的基礎。而他們所提出的「地位取得模型」(status attainment model) 也成為學者們研究地位取得的基本模型。

基本上，地位取得研究乃在探討影響個人的社會經濟成就的有關因素，例如個人的出身、智能、教育程度等等(Duncan, Featherman, and Duncan 1972, Jencks et al. 1972, 1979, Sewell and Hauser 1975, Featherman and Hauser 1978)，而路徑分析也成為研究「地位取得」的最常用方法。正如 Wiley (1979: 794) 所言: 「AJS 和 ASR 的模範文章是……社會流動的路徑分析，畫出父親的職業，經由兒子或女兒的教育和其他影響，對小孩以後的職業的統計影響」。底下，我們將先介紹地位取得研究的一些主要模型，然後再探討地位取得研究之意義和對其之批評。

二、地位取得模型探討

(1) 基本模型: Blau 與 Duncan 模型

在「美國的職業結構」一書裏，Blau 和 Duncan 強調: 瞭解近

代社會的社會階層的最佳途徑乃是在於系統地探討職業地位（occup-ational status）和職業流動（occupational mobility）（1967: 5）。因此，他們以高低不等的職業結構做為社會分化（social differentiation）的探討焦點。如此的探討，可能無法分析社會階層的其他層面，例如，收入、權力等等。韋伯對階級、地位與政黨的分析，使社會學者們注意到社會階層的不同層面，而 Blau 與 Duncan 二人，只分析韋伯所提到的地位此一層面。此乃是他們的研究的主要限制，這一點，他們也承認，但是他們辯護道：經濟階級和聲望階梯乃是植根於職業結構。職位（occupational position）可能是經濟階級的最佳指標。政治權力和權威也是如此，因為在近代社會裏，政治權威的表現主要乃是透過職業而來（1967: 6–7）。此外，就居於不同職位下的個人而言，職業結構顯示出人力資源在社會各方面的分配情形，同時，職業流動也反映出社會對各類人力資源的供給和需求情形。最重要地，一個人的職業和職位的陞遷情形，反映出一個人的成就。

然而，一個人的成就並非只是偶然的，它可能受個人的天生才能、後天努力和家庭背景等等的影響很大。Blau 與 Duncan 二人的研究興趣即在探討個人的社會出身，即其家庭背景，影響個人的成就有多大？傳統的研究把代間流動（intergenerational mobility）與代內流動（intragenerational mobility）視為分開的研究題目，而Blau 與 Duncan 二人則把此二者合而為一，因為他們以受訪者的父親的教育程度和職業地位代表受訪者本人的社會背景，而本人的教育程度和第一個工作則代表本人的訓練和早期的職業經驗。前者代表世代與世代間的流動；後者代表個人的職業生涯，即代內間的流動。因此他們追溯個人的社會出身、教育程度、職業生涯起點之間的相互關係，並探討這些因素對個人現在的職業的影響有多大？簡言之，他們

的興趣卽是在探討世襲性力量 (ascriptive forces) 影響個人成就有
多大？ 因而形成他們廣為人知的地位取得模型，如圖一：

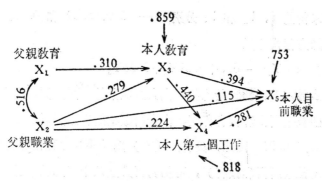

資料來源： Blau 與 Duncan (1967: 170)

圖一　Blau 和 Duncan 的地位取得基本模型

在此路徑模型 (path model) 裏，直線箭頭方向表示因果關係
(causal relationship)，曲線雙箭頭方向只表示相關 (correlation)，
但不設定彼此間的因果關係。當中的係數代表路徑係數 (path coef-
ficients)。在變數測量方面，所受的教育程度， 從未受教育到研究所
敎育，分成八個分數。第一個工作是指回答者離開學校後第一個專任
的工作 (full-time job)。 在職業測量方面， Blau 和 Duncan 是以
Duncan 在 1961 年所發展的職業的社會經濟地位量表 (scale of
occupational socioeconomic status) (簡稱職業地位量表) 為依據，
去測定每個職業的高低指數。 此一量表的分數最低為 0 分， 最高為
96分。職業的高低指數主要是根據四十五種職業的職業聲望，所得和
教育程度之高低加權而來。卽

$$Y_1 = a + b_2 Y_2 + b_3 Y_3$$

在此程式裏，Y_1 指每一職業的職業聲望，Y_2 為該職業的平均所得，Y_3 為該職業的平均教育程度。a 為常數，b_2 和 b_3 分別可視為所得和教育程度對聲望之比重。 Duncan 依據 Y_1, Y_2, Y_3 之經驗資料，所求得的 a，b_2 和 b_3 分別為——6.0, 0.59 和 0.55。因此，整個廻歸方程式即為

$$Y_1 = -6.0 + 0.59Y_2 + 0.55Y_3$$

此方程式的左邊，即職業聲望，代表對職業的主觀評價，而方程式的右邊，即職業所得和教育程度，代表對職業的客觀評價，二者的多元相關係數達 0.91，因此，決定值 (R^2) 為 0.83，意指二個客觀的社會經濟變數（所得和教育），可說明百分之八十三的職業聲望的變異量。依此廻歸方程式，所有的職業都可以依據它們各自的所得和教育程度得一分數。此一分數可視為對職業聲望的估計，或者視為職業的社會經濟地位分數，簡稱為職業地位分數。

現在，讓我們看看圖一所表示的意義。圖一告訴我們，父親的教育程度和職業，如何影響兒子在教育和職業方面的成就，其比重有多大？圖一也可以用表格表示之，如下表：

由圖一及表一均可看出，就總效果而言，父親的教育程度和職業地位，說明了兒子教育程度變異量的百分之二十六；父親的職業地位和兒子的教育程度，說明了兒子第一個工作的變異量的百分之三十三；而父親的職業地位，兒子的教育程度和其第一個工作說明了兒子的職業地位的變異量的百分之四十三。

另此，就直接效果和間接效果而言，父親的教育程度對兒子的第一個工作及目前工作的職業地位並無直接效果（P_{51} 及 P_{41} 為零）。父親的教育程度對兒子的職業地位的影響主要是間接透過父親的職業和兒子的教育而來。另一方面，父親的職業地位對兒子的職業成就則

表一 「地位取得模型」的路徑係數和決定值

因變數	自	變	數		決定值
	X_4	X_3	X_2	X_1	(R^2)
X_3			.279	.310	.26
X_4		.440	.224		.33
X_6	.281	.394	.115		.43

X_1: 父親教育
X_2: 父親職業地位
X_3: 本人教育
X_4: 本人第一個工作
X_5: 本人目前的職業地位

資料來源: Blau and Duncan (1967: 174)

包含著直接效果與間接效果二者。在間接效果方面，父親的職業地位透過對兒子的教育和第一個工作的影響而影響兒子目前的職業成就；在直接效果方面，圖一雖然顯示父親的職業地位對兒子的職業成就的直接效果，卽在統計上控制兒子的教育程度和早期工作經驗之後，仍有長久持續性的影響（路徑係數爲 .115），但是對兒子的職業成就直接影響最大的，首推其教育程度（路徑係數爲 .394），次爲其第一個工作（路徑係數爲 .281）。

就 Blau 與 Duncan 的地位取得基本模型而言，一個人的出身，以其父親的教育程度和職業地位爲指標，解釋了20%的兒子的職業成

就的變異量。從反面而言，即一個人的職業成就有百分之八十左右不受其父親的教育程度和職業地位所影響，故就 Blau 與 Buncan 二人的基本模型而言，美國的社會可說是相當開放性的社會，整體而言，家庭背景以外的因素對一個人的職業成就的影響，遠大於家庭背景的影響。

(2) 基本模型之衍生模型

Blau 與 Duncan 的地位取得模型提出之後，引起了社會學者們的廣泛興趣。這些學者們對地位取得的探討，主要是以 Blau 與 Duncan 的模型為基礎，而對模型裏的變數做部分的修正。在依變數方面，主要的改變是以所得替代基本模型裏的職業地位，而視後者為影響前者的中間變項（例如，Jencks, 1972, Duncan, Featherman and Duncan, 1972; Sewell and Hauser, 1975）；在自變數方面，主要的改變是增加一些社會心理的變項，而這些社會心理的變項又受家庭背景變項的影響（例如，Jencks, 1972; Sewell and Hauser, 1975）。這些社會心理的變項中，最重要的，首推智能。

在這些地位取得基本模型的變型裏，較為重要的，乃是 (a) Duncan, Featherman 與 Duncan 的模型，(b) Sewell 與 Hauser 的模型，和 (c) Jencks 的模型。底下將簡要介紹此三個衍生 (derived) 模型和從衝突論衍生出來的對從業身分之探討。

A. Duncan, Featherman 與 Duncan 的模型

Duncan, Featherman 與 Duncan 三人，針對 Blau 與Duncan 的「美國職業結構」一書當中沒有討論的部分，對代與代間地位的傳遞做更進一步的探討。在變數方面，他們對出身與成就的變數，及其當中的中間變數都增加一些。在出身方面，增加了子女人數(number of siblings) 此一變數；在成就方面，增加了收入 (earnings) 此一

變數; 在中間變數方面, 增加了二項社會心理的變數, 卽智能(intel-legence) 和成就取向 (achievement orientation)。後者意指一個人的熱望 (aspiration)、動機 (motivation)、野心 (ambition) 等這類概念。他們討論了成就取向對成就的影響, 但並無把它放進他們的模型裏, 因此 Duncan, Featherman 和 Duncan 的地位取得模型最後成爲如圖二所示:

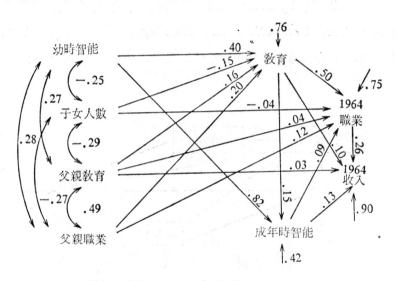

圖二　Duncan, Featherman 和 Duncan 的地位取得模型

資料來源: Duncan, Featherman and Duncan, 1972: 100

B. Sewell 與 Hauser 的模型: 威斯康新學派的研究

幾乎和 Blau 與 Duncan 同時, 一批在威斯康新大學麥迪遜校區的社會學者, 也從事於地位取得的探討。這些學者以 William A. Sewell 爲首, 除此之外, 其主要人物, 尚包括 Robert M. Hauser,

David L. Featherman 等人。這些人大都與 Duncan 有很深的淵源，例如 Sewell 是 Duncan 的老師和同事，Hauser 為 Duncan 的學生，而 Featherman 和 Duncan 是同事。這批人的研究，被稱為威斯康新學派，而他們的地位取得模型，稱為威斯康新模型(Wisconsin Model)。此模型和 Blau 與 Duncan 的基本模型最大的不同處，乃在於前者增加了一些介於出身與成就的社會心理變數，而以智能為主要的社會心理變數。 威斯康新學派發表了不少的論文和書籍。 其中，Sewell 與 Hauser 在 1975 年出版的「教育、職業、和所得」(*Education, Occupation, and Earnings*) 可說集其大成。Sewell 與 Hauser 在此本書中所提出來的地位取得模型，如圖三所示：

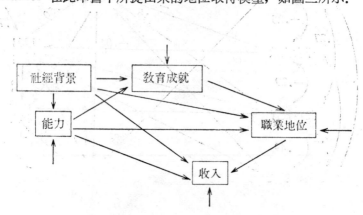

圖三 Sewell 與 Hauser 的地位取得模型

資料來源：Sewell and Hauser, 1975: 49.

C. Jencks 等人的模型： 哈佛大學的地位取得研究

哈佛大學的教育學家 Christopher Jencks，和其在哈大「教育政策研究中心」(Center for Educational Policy Research) 的一羣同事，以三年的時間用 OCGI(Occupational Change in a Generation,

I) 的資料，從事於有關美國不平等的各方面的研究，例如教育的不平等、職業的不平等、所得的不平等等等，及其與家庭背景之間的關係，而於 1972 年出版了「不平等」(*Inequality*) 一書。此本書出版之後，在學術界上及社會上，引起軒然大波，有人攻擊其為種族主義者，有人批評其方法論有問題。針對這些批評與攻擊，他們又以 OCGII 及其他的資料，做更嚴謹的探討，而於 1979 年出版「誰走在前」(*Who Gets Ahead?*) 一書，討論家庭背景、智能、教育、認知能力等對經濟成就的影響。

　　Jencks 等人，雖然不是社會學者，但他們自己承認，他們的理論模型，頗受 Blau 與 Duncan 的模型的影響，而且，他們的研究，在學術界上引起不小的回響，因此，我們仍得把他們的模型，視為地位取得模型探討，加以討論。他們的模型，如圖四所示：

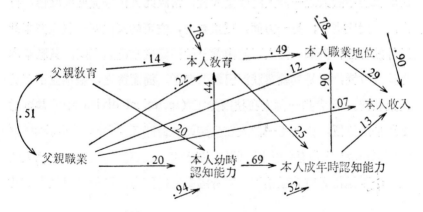

圖四　Jencks 等人的地位取得模型

資料來源：Jencks et al., 1972: 339.

　　Jencks 等人的主要結論是家庭背景、教育和智能三者，並沒有說明了多少一個人的職業能力（決定值，$R^2 = .39$），而前述這些所有

的因素，對一個人的所得變量的解釋力，更是相當低 (R²=.19)。因此，Jencks 等人的總結是：在美國，一個人的經濟成就，與個人的出身與能力，大都無關，主要乃是看他的運氣而定（此乃是他們這本書引起議論紛紛的主要原因之一，另一主要原因是他們認為白人智能比黑人高）。

D. Wright 與 Perrone 的模型：從業身份的探討

不管是 Blau 與 Duncan 的地位取得基本模型也好，或者是此基本模型的種種變型也好，他們對於職業成就的測定，基本上都是以 Duncan 所發展出來的「職業社經地位量表」為準。此量表固然可以測量一個人的職業高低，並且反映出一個人部分的就業狀況，然而，它並沒包括職業成就或就業狀況的另一特性，即一個人的階級及其運作指標——從業身份。從業身份一方面可能可以代表一個人的成就，例如我們中國人說一個人的職業成就，常說此人由學徒變成師傅，再由師傅變成老闆；另一方面，更重要地，它可能又說明一些職業本身以外的特性。例如一個人可能由裁縫師傅變成裁縫店老闆，其職業本身並沒改變，但是其就業狀況已經改變了。簡而言之，職業並不等於就業狀況。前者指一個人在技術分工 (technical division of labor) 上所佔的位置，後者指一個人在生產的社會關係 (social relations of production) 上所佔的位置（請參閱本書第二章）。因此，一個人的成就，不僅得考慮其職業地位本身的高低，同時，還得考慮其從業身份。

也因為如此，在考慮出身與成就間的關係時，我們一方面得考慮其父親職業地位本身的高低，另一方面還須考慮其父親的從業身份。一個裁縫店師傅與一個裁縫店老闆對他們兒子的成就的影響，可能很不一樣。在地位取得的實證研究上面，首先對從業身份提出探討的，

乃是 Wright 和 Perrone (1977) 二人。他們二人以四項指標去實際確定一個人的從業身份，即(1)自營，(2)有否受雇者，(3)有否屬下，和(4)受雇。以此四項指標得到四種從業身份，(1)雇主，(2)經理，(3)工人，(4)小生產者。Wright 和 Perrone 二人以美國1969年的工作情況調查，得到美國勞動力的從業身份分配情形，如下表：

表二　美國從業身份分配表

	從　業　身　份				人數	百分比
	自營	是否有受雇者	是否有屬下	受雇		
1.雇　　主	是	是	是	否	110	7.4
2.經　　理	否	否	是	是	561	37.4
3.工　　人	否	否	否	是	739	49.2
4.小生產者	是	否	是	否	65	4.3
5.不明者	是	否	是	否	27	1.8

資料來源：Wright and Perrone (1977: 37).

Wright 與 Perrone 即以此表去分析美國人們的從業身份對其成就的影響。不過，在分析時，由於小生產者和身份不明者所佔的比例太小，他們二人因此把此二類去掉，所以在做分析時，實際上只有雇主、經理、和工人三類從業身份，另外，他們還以教育程度、年齡、和職業地位做爲自變數。在他變數方面是以所得爲指標代表個人的成

就，因此，整個標準化廻歸方程式卽為

$$Income = \beta_1 Education + \beta_2 Age + \beta_3 Occupation\ Status +$$
$$\beta_4 Employer\ Dummy + \beta_5 Worker\ Dummy$$

在資料方面，Wright 與 Perrone 二人以美國密西根大學調查研究中心 (University of Michigan Survey Research Center) 在 1973年所做的「就業品質調查」(Quality of Employment Survey) 的全國性抽樣調查為樣本，所得的結果如下表：

由上表可以看出，教育和年齡說明了15%的所得差異。加入職業地位變數到此廻歸方程式時，決定值 (R²) 僅增加 4.1%，但是加入二個從業身份的虛擬變數 (Dummy Variables) 時，決定值的增加量為 9.4%。 而所有的變數配合起來時可以解釋約 27%的非農業出身的男性白人的所得變異量。從另一角度看，如果從業身份加入含有職業地位的廻歸方程式時， 決定值僅增加 2.3%。 而職業地位和從業身份單獨各自解釋了約 14%左右的所得變異量。 因此， Wright 與 Perrone 在其結論認為，從業身份對所得差異的解釋力，至少應該與 Blau 和 Duncan 的職業地位量表的解釋力相等。

E. Robinson 和 Kelley 的模型

Wright 與 Perrone 的模型，雖可以和 Blau 與 Duncan 的地位取得基本模型相比較，然而，Blau 與 Duncan 的模型，很明顯地包括世代與世代間及世代內的社會流動，而且也設定自變數間的因果關係，而 Wright 與 Perrone 的模型，並無明顯地區分代間及代內流動，且無設定自變數間的因果關係。因此，就此意義而言，二者的模型實難加以比較。如果後者與前者比較，其模型的架構必須一樣，卽明顯地區分代間及代內流動，並且設定自變數間的因果關係。

Robinson 與 Kelley 的模型， 基本上， 卽是把 Wright 與

表三 從業身份與職業地位對所得的解釋力之比較

自 變 數	標準化迴歸係數（他變數＝年收入）					
	教 育	年 齡	職業地位	雇主虛擬變數	工人虛擬變數	決定值
1.所 有 變 數	.16	.19	.21	.26	−.06	.269
2.教 育	.27					.071
3.教 育 和 年 齡	.32	.28				.152
4.教育、年齡和地位	.15	.23	.26			.193
5.教育、年齡和從業身份	.28	.22		.27	−.11	.246
6.地 位			.38			.143
7.從 業 身 份				.29	−.17	.145

方程式之比較	比 較 之 詮 釋	決定值的增加
4～3	控制教育和年齡之地位	.041
5～3	控制教育和年齡之從業身份	.094
1～5	控制教育、年齡和從業身份之地位	.023
1～4	控制教育、年齡和地位的從業身份	.076

資料來源：Wright and Perrone, 1977:44, Tab. 4.

與 Perrone 所考慮的變數修正後加入地位取得模型的架構裏。 在
Wright 與 Perrone 的模型裏，雇主的從業身份是既有受雇者，又有
屬下。前者代表生產工業的所有權，後者代表權威（authority）的運
用；前者基本上是從 Marx 的概念而來，從者基本上則是由 Dahren-
ndorf 的概念而來。因此，在 Wright 與 Perrone 的模型裏，雇主
在所得上所造成的差異既可能是由生產工具的所有權而來，又可能是
由權威的運用而來。如果要得知生產工具的所有權對所得的影響，就
統計上的意義而言，必需控制權威的影響，即是把生產工具的所有權
當作一變數，權威當作另一變數，而用多變項技術去分離二者各自的
影響。但是，Wright 與 Perrone 對從業身份的類別無法以此技術區
分二者各自的影響。Robinson 與 Kelley 即是針對此缺陷加以修正，
把從業身份分爲生產工具的擁有和權威二者， 再放入地位取得模型
裏，而成爲他們的模型，如下圖：

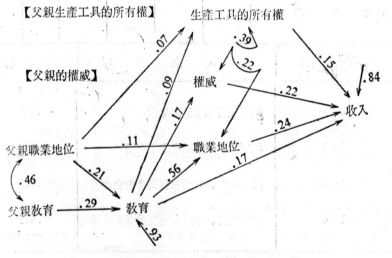

圖五　Robinson 與 Kelley 的地位取得模型

資料來源：Robinson and Kelley, 1979: 45.

由實際資料套入此模型顯示出，從業身份的二個指標，即生產工具的擁有和權威的運用，與 Blau 和 Duncan 的職業地位的相關並沒有很高，而且二者的教育的關係更是不高（相關係數爲．1）。因此，從業身份與職業地位二者表示出相當不同的概念。

Robinson 與 Kelley (1979: 48) 的資料指出，從業身份的二個指標對男性所得的差異有相當的影響。生產工具的擁有本身解釋了9%的所得變異量，權威的運用本身解釋了14%的所得變異量，二者合起來則解釋了17%的所得變異量。另一方面，教育本身解釋了13%，職業地位解釋了 17%，二者合起來解釋了 20%的所得變異量。如果與 Blau 與 Duncan 的模型比較，而把聯合變異量歸到 Blau 和 Duncan 模型的變數上，則 Blau 和 Duncan 的變數解釋了將近20%的男性所得的變異量。如把生產工具的擁有此一變數加入 Blau 與 Duncan 的模型裏，則此變數解釋了額外5%的變異量，如把權威此一變數加進去，其效果增加了 7.0%；二者合起來則使 Blau 與 Duncan 的模型增加了額外 9.2%的所得變異量，幾乎替原來模型增加了一半的變異量，由此可見出從業身份對所得的重要影響。

以上所說的乃對男性而言，對女性而言，情形則很不一樣，生產工具的擁有和權威此二變數對所得造成的變異量非常小。Robinson 與 Kelley 認爲結果所以如此，並非單純地僅是婦女較不可能成爲雇主或較不可能運用權威（此只解釋了 2％的男女所得差距），更重要地，即使他們成爲雇主和可以運用權威，婦女的所得仍然低於男人所得，即婦女比男人較無法把生產工具的擁有和權威二者轉換成所得（此解釋了 14%的差距，二者合起來則解釋了 25%的男女所得差距）(Robinson and Kelley, 1979: 48)。

最後，我們還須附帶一提經濟學上的「人力資本理論」(human

capital theory) 對所得差異的研究。人力資本學者，例如 Becker
(1964)，Mincer (1974) 等人，雖然沒研究一個人的出身對所得差異
的影響程度，但是他們以個人的教育程度、能力、經驗、和訓練來解
釋個人所得上的差異。教育與訓練乃被視為個人的投資，而所得差異
乃被視為對個人受教育和訓練等的補償。例如 Mincer 探討教育與
經驗此二個變數對所得差異的影響，求得其決定值 (R²) 為 .313
(Mincer, 1974: 92)。即教育與職業經驗解釋了所得差異量的31.3%。

三、各模型的比較

以上我們討論了幾種出身與成就模型。為了綜合比較其中的異
同，我們以出身變數，中間變數，成就變數，主要資料來源，樣本人
數，決定值 (R²) 去分類各模型，而得下表：

從表四裏，我們可以歸納出幾點要項：

1. 在原始的 Blau 與 Duncan 的地位取得模型裏，其成就變數是
教育與職業地位，而以職業地位為分析的重心。但是在後來的各個地
位取得模型裏，其成就變數增加了收入變數，而視教育、職業地位此
二成就變數為收入的前決定變數(predetermined variables)，即影響
收入的因素。而且，整個分析的重心，逐漸由職業地位轉移到收入。

2. 如果以職業地位代表一個人的職業成就，則在各個地位取得模
型裏，其前決定變數（包括出身變數與中間變數，即所有影響職業的
變數）大約說明了職業地位差異量的40%（介於39%與43%之間）。
此顯示出，各個地位取得模型對職業地位的解釋力，相當一致。

3. 各個地位取得模型對收入差異的解釋力，均相當低。在 Duncan,
Featherman 與 Duncan 的模型裏，其前決定變數（即所有影響收

表四　出身與成就模型比較

模　型	出身變數	中間變數	成就變數	主要資料來源	樣本人數	決定值 (R^2)
Blau and Duncan	父　親　教　育 父親職業地位		教　　　育 第一個工作 職業地位	OCGI(1962)	20,700	.26 .33 .43
Duncan, Featherman, and Duncan	父　親　教　育 父親職業地位 子　女　人　數	智　　　能	教　　　育 職業地位 收　　入	OCGI(1962)	20,700	.42 .44 .19
Sewell and Hauser	父　親　教　育 父親職業地位 母　親　教　育 父母平均所得	智能　高中成績　中師鼓勵　父母鼓勵　朋友計劃　大學職望渴	教　　　育 職業地位 收　　入	Winsconsin survey (1957) and follow-up(1964)	10,317 (1957) 4,388 (1964)	.54 .42 .07
Jencks et al.	父　親　教　育 父親職業地位	智　　　能	教　　　育 職業地位 收　　入	OCGI(1962) OCGII (1973)	18,094 15,817	.39 .39(.23) .19(.09) (OCGI) (OCGII)
Wright and Perrone	本人從業身份 本　人　教　育 本人職業地位 本　人　年　齡		收　　入	Michigan survey, 1969 and 1973	1,533 (1969) 1,496 (1973)	.27
Robinson and Kelly	父親生產工具的　擁　有 父　親　權　威 父親職業地位 父　親　教　育	教　　　育 生產工具的擁有 權　　　威 職　業　地　位	收　　入	MORC's GSS data (1973, 1974 and 1976)	1,718	.29

入的變數）對收入差異量的解釋力爲19％（決定值）。在 Sewell 與 Hauser 的模型裏，他們增加了不少的出身變數與中間變數，其解釋力反而降低，決定值爲 7 ％。另一方面，如果在出身變數裏加上從業身份此一變數，對收入差異量的解釋力，變爲接近 30％，增加相當多。所以，在解釋收入差異方面，從業身份此一變數，相當重要，實不能忽略。無論如何，在各個地位取得模型裏，其對收入差異的解釋力，都沒超過30％。此一方面固然表示地位取得模型對收入差異的解釋力，並不很高，以至於 Jencks 等人認爲發財與否，大都靠運氣而定，與個人能力、家庭背景無甚關係。然而，更重要地，它也說明在美國社會裏，個人在經濟方面的成就，受其出身的影響並不是很大，表示美國社會是一個相當開放的社會，此應是美國人民樂見的現象。

四、地位取得研究的意義

如上述，我們已經相當詳細地介紹說明了地位取得研究的基本模型，及其衍生 (derived) 模型。然而，這些模型所代表的意義究竟爲何？我們在前言部份曾稍微提到，現在讓我們較詳細地探討這些模型所代表之意義及所面臨的一些問題。

（一）地位取得研究的主旨

地位取得研究的主旨，一言以蔽之，乃在探討地位繼承或地位世襲 (The inheritence of status) 的問題。即在探討地位（廣義之意義,泛指政治地位、經濟地位及社會地位等)受賦予的力量(ascriptive forces) 的因素之影響有多大？賦予的 (abscribed) 與贏得的 (achieved) 是兩個相對的概念，若賦予的因素影響大的話，表示地位取

得並非自己努力得來的，而是世襲而來的。所以若世襲性的影響因素
大時則表示後天努力贏得的影響因素就小。舉例言之，如果某人今天
當了董事長，若是靠父親的關係，則表示受賦予性的影響因素大；若
是靠自己努力得來的，就是受贏得的因素之影響因素大。然而，地位
世襲乃是一個高度抽象的概念，在實際探討它時，我們須對此概念加
以運作 (operate)。基本上就是看一個人的出身 (origin) 如何影響
他後來的地位 (status)，即所謂的來自何處? 止於何處? 因此，地位
世襲這個高度抽象的概念加以運作後，化為兩個變數；一個為自變
數，另一個是應變數。自變數指的是出身，通常它包含父母親的收
入、教育程度、職業地位、智力、教養孩子的方式等等，但我們在
地位取得研究中皆較注重的是社會經濟的出身 (Socio-economic
origin)；而應變數的地位 (status)，也是比較偏重社會經濟的地位。
而且，在地位取得研究中，通常把教育當作一中介變數，介於出身與
地位之間。因此，探討地位世襲最基本的模型就如下：

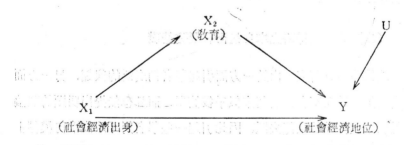

此模型基本上就是探討出身如何直接影響地位，或者間接透過教
育而影響地位。Duncan 和 Hodge (1963) 在 1963 年便提出說明
此模型主要是用來探討代與代之間的社會流動。它有三個重心：第一
個重心是探討兒子的社會經濟地位與父親的社會經濟地位的關係；第
二個重心是探討上述之父子關係如何受教育此中介變數的影響；第三

個重心是探討兒子的社會經濟地位除了受父親社會經濟影響外，還受教育的中介變數的淨影響有多大。這三個重心，也就是此模型主要所欲探討的問題。

在此情形下，我們要知道此模型的解釋力有多大，通常看其決定值（R^2）的解釋力有多高。一般而言，在社會科學的領域中，常會有一些誤解，以爲決定值（R^2）的解釋力愈高愈好，其實並不盡然，須視其理論依據是什麼而定。在此模型中，如果決定值愈高，則代表地位的取得受賦與的因素的影響愈大，假設決定值高達 .95，則代表此社會地位之取得幾乎完全是靠世襲而來，則此社會就接近印度傳統的喀斯德（caste）社會。所以，做研究不一定要求決定值愈高愈好，而是要先了解決定值背後所代表的意義爲何。在地位取得模型裏，決定值愈高代表社會愈是封閉的社會；反之，決定值愈低，代表世襲性的影響愈少，也就是此社會愈是開放的社會，所以決定值低並不代表模型不好，決定值的高低在此模型中並不代表模型的好壞，而是各有其理論上的意義。

（二）地位取得研究本身是否有理論基礎

地位取得的研究，由於一方面引起學者們廣泛的興趣，另一方面它所用的變數又不多，看起來似乎很簡單，而且也無提出明顯的理論以說明這些變數的來龍去脈，因此引起一些學者對「地位取得模型」是否有理論的依據，表示懷疑(Coser 1975; Burawoy 1977)。Coser (1975) 即認爲地位取得的研究僅是「追求內容的一種方法」，並且批評地位取得研究者誤以爲方法上的堅強可以彌補理論上的脆弱。Burawoy（1977: 103）也認爲這種誤置的精確(Misplaced Precision)是科學過程的倒置。

另一方面， Horan 並不認爲地位取得研究是無理論依據的。Horan（1978）指出， 在 Blau 與 Duncan 兩人的地位取得研究之前，例如 Bendix 和 Lipset 的流動表，大多視職業爲在社會經濟領域內之獨特的社會位置。換言之，卽視職業和職位爲表現出不同社會經濟特色的各種類別。而 Blau 與 Duncan 等人所代表的地位取得研究對職業的看法有了基本的改變。這種改變是以人們對職業的高低不同的評價分數替代了各自獨立的類別，用測量的術語來說，這種對職業看法的改變，是由當初的視職業爲類別尺度轉爲等距尺度，而整個職業結構則是一連續體。這種看法的轉變，並非全無理論基礎的，而是功能論者的看法。Horan（1978）， Bielby（1980）指出，地位取得研究者把社會地位視爲高低不等的「表現層次」(level of performance)，而這些「表現層次」所以有高低不等，乃是在競爭市場下人們對各種社會地位的不同評估和不同報酬的結果。這種看法，不管其本人是否意識到此，根本上就是功能論者對社會結構的看法。事實上，功能論大師 Parsons（1940：841）就指出：

「社會階層在此乃被視爲把人們分成不同的等級。這些人們集合成爲一個社會體系，而且，在某些社會上的重要方面，有高低不等的差別待遇」。

Parsons 對社會階層的看法，成爲以後學者們所熟悉的 Davis 和 Moore 的社會階層功能論的主要理論來源。Davis 和 Moore（1945）的主要看法，可歸納爲下列四點：

1. 某些社會位置的功能比其他的社會位置的功能較重要，並且需要特殊技能以執行其功能。

2. 社會上有能力可接受訓練去得到這些技能的人是有限的。

3. 在經由訓練以得到這些技能時，個人必須作一些犧牲。

4.社會上為使這些人的訓練和犧牲得到補償，以便執行其功能，因此，他們將來的職位，必須視其功能的高低而給予高低不等的差別待遇。即給予這些位置稀有的和有價值的事物以做為補償（請參閱本書第三章）。

功能論者對於不同的社會位置，依其功能之不同而給高低不等的報酬之看法，成為地位取得研究者用以評估各種職業和職位之理論依據，即使其本人並無明顯表示出來，或無明顯意識到這些模型背後的理論基礎。

更進而言之，不管是功能論、地位取得研究，或者是經濟學上的「人力資本理論」(Becker 1964; Mincer 1974)，這些理論都是源自新古典經濟學者和社會學者對社會經濟秩序的看法。新古典學派假定市場情形乃是一完全競爭市場，在此情形下，個人社會經濟秩序中不相等的安置，乃是反映出在此市場下，個人不同特質的不同表現之結果。此可說明為何經濟學的人力資本理論和社會學的地位取得研究，在許多方面極為相似。此也可說明一個社會愈是接近完全競爭市場時，社會階層功能論，人力資本理論和地位取得研究的解釋愈有效力，因為只有假定在一開放的、完全競爭的、同質的市場過程中，個人的不同能力才會得到不同的報酬。也唯有在此情形下，我們才可以忽略除個人特質之外，那些可能影響個人的地位取得的結構性因素，例如市場特質（非完全競爭市場，雙重或多重勞力市場等）、政府干預、階級控制的影響等等(Wright and Perrone 1977; Kalleberg and Sorenson 1979; Baron and Bielby 1980; 許嘉猷 1981)。

雖然地位取得研究的理論背景來自社會階層功能論，然而，像社會學的其他領域一樣，它仍缺乏一高度發展的理論。Featherman 和 Hauser (1978: 290) 認為，「我們缺乏有折服力的理論去說明受教育

與收入之間的關係」。事實上，地位取得研究對於導致受教育、職業和收入不平等的解釋，即導致這些不平等的帶動機制（generative mechanisms），仍是非常少，而研究的重心，仍是侷限在 Duncan 和 Hodge（1963）當初對出身與成就的研究所提出來的三個主題：

1. 兒子的社經地位與父親的社經地位之間的關係如何？
2. 此種關係如何受教育的中介變數所影響？
3. 兒子的社經地位，除了受父親社經地位之影響外，它還受教育的中介變數之淨影響有多大？

換言之，地位取得研究的重心乃是傾向於對社會階層化的分配方面（distributional aspects of stratification）的描述，而非對階層與階層間的關係方面（relational aspects of stratification）的分析。後者的重心是在探討階層與階層間之關係如何受政治、經濟和社會因素所影響，即是古典社會學者，如馬克斯、韋伯等人所探討的階級、地位和權力之間的關係。直到一九七〇年代末期以來，一些學者（Wright and Perrone 1977, Robinson and Kelly 1979）才一方面開始試圖把階層化的分配方面和關係方面連接起來，如前述Wright 和 Perrone, Robinson 和 Kelly 的地位取得模型就是把階級的分析加入地位取得模型裏，以試圖連接兩者；另一方面，即是探討影響社會階層分配與關係的政治、經濟和社會的結構性因素，例如前述的市場特質（非完全競爭市場，雙重或多重勞力市場）、政府干預和階層特性等，而形成社會階層化和社會流動理論中的新結構論（Baron and Bielby 1980, Treiman and Robinson 1981，許嘉猷 1981）。後者我們將在下一章中詳加討論，因此，讓我們先說明前者。

在把階級的分析加入地位取得模型的探討方面，一般而言，衝突學派學者（Dahrendorf 1959, Poulantzas 1975, Wright and

Perrone 1977) 常以在生產的社會組織上所佔的共同結構性之位置
(common structural positions within the social organization of
production) 去界定階級。在當代資本主義社會裏，此意指從資本主
義生產的社會關係上去劃分階級。依照此種看法，階級的主要特色有
三: 階級組成共同的位置，這些位置是互有關係的，而且這些關係是
植根於生產的社會關係的。換言之，此種界定隱含社會結構是由許多
「空位」(empty places) 組成，而由人們去填入這些「空位」。社
會流動即是研究人們填入這些「空位」之情形。因此，在研究社會流
動之前，在邏輯上，必須先對這些「空位」有所瞭解。依照衝突學者
的看法，欲瞭解這些「空位」，必先從生產的社會關係上去探討這些
「空位」的共同結構性地位及其關係。故對於階級的分析，應從分析
生產的社會關係著手。

近代資本主義生產的社會關係之特性，依照衝突學者(Dahrendorf
1959, Poulantzas 1975, Wright and Perrone 1977. Robinson and
Kelley 1979) 的看法，主要是從生產工具的擁有、權威 (authority)
關係和勞力出售爲起點。而這些不同的生產的社會關係之組合，即構
成不同的階級。

總之，地位取得模型一方面可能是不同的理論（例如功能論與衝
突論）皆適用於此模型；另一方面，此模型仍是相當描述性的，它難
以回答說明導致地位不平等的帶動機制 (generative mechanism) 是
那些? 因此，地位取得模型到底有無理論，仍是眾說紛紜，即使是
有，也是一個隱藏的理論，而非明顯的理論。

(三) 教育在地位取得模型中所扮演的角色

教育在地位取得研究中有二種功能，即傳承與居間調節功能，此

兩者是相對立的。

1. 傳承功能（transmission function）：在地位取得模型裏，出身透過教育而影響地位，也就是說，教育是一中間變數，是出身影響地位的中間站。而且，教育本身卽爲一種世襲性的因素。

父親有錢、有地位，因此能提供給兒子好的教育，由於兒子有好的教育，因此更能有好的地位。Blau 和 Duncan（1967）以美國1962年「一代的職業變遷」（Occupational Change in a Generation，簡稱 OCG）做研究資料，他們的研究結果顯示出身對教育的決定值爲四分之一左右。Hauser 和 Featherman（1976）二人用同樣的資料，但是擴大了所測量的出身變數，所得到的結果爲出身對教育的決定值爲37%左右。Bowles（1972）的研究指出，出身對教育的決定值，高達52%。但是，Bowles 的資料計算有些錯誤，經 Bielby 修正後，決定值減爲42%。此與 Bielby（1976）本人用美國 1973 年的「一代的職業變遷」（簡稱 OCG II）資料的研究結果相符合。從上述幾位學者的研究我們可以看出，在美國，出身對教育的傳承功能之影響，約在四分之一至五分之二之間。

2. 居間調節功能（mediation function）：教育本身也有獨立影響地位的功能，而且，教育並非百分之百由出身來決定。前述的研究顯示，教育受出身影響，其決定值介於 $\frac{1}{4}$ 至 $\frac{2}{5}$ 之間。也就是說教育本身還有 0.60 者 0.75 之決定值並非決定於出身，而教育影響其本人以後的地位。因此，在當今社會，教育成爲社會流動最好的管道，特別是窮人翻身最好的階梯。因此，教育是一種中介因素，介入於出身與地位之間，而又有它獨立的影響，因此教育本身變成一種非常重要的非賦與性的力量（non-ascriptive achieved force），居間調節緩和出身對地位之影響。

學校使個人社會化，它選擇、分類學生，並給予證書，而且通常被認爲是個人增進認知能力、激發潛能之處。學校教育所以能發揮這些功能，與學生能力，教師努力，課程安排，教師與同輩團體的鼓勵等因素有關；而這些因素受出身的影響，據學者們(Alexander et al., 1978; Sewell and Hauser, 1975) 的研究並非很大。因此，教育本身成爲一個相當重要的中介機制 (intervening mechanism)，能够獨自影響地位，同時並居間調節緩和出身對地位的影響。

因此，教育本身就是一種雙面叉，一方面具有傳承功能，另一方面又有獨立影響，居間調節的功能。而到底在某一個社會中，教育所扮演的那一種功能較高? 那一種較低? 這仍是個議論紛紛的問題。衝突學派學者，例如 Bowles 與 Gintis (1976)，認爲教育扮演傳承的功能較大，但是地位取得研究者與人力資本理論者則主張教育扮演居間調節的功能較大。他們各有其研究來支持他們的看法，但總結而言，教育本身同時扮演傳承與居間調節功能，此二種功能的大小，受各人的研究結果與各人主觀的價值判斷的影響。因此，這個問題到目前爲止，依舊是尙無適當定論。

接著我們必須探討，爲何教育會影響地位? 特別是影響收入、職業聲望等等。這也是地位取得模型的缺點之一，因爲它通常是描述性的，而非解釋性的，它只告訴我們教育對地位的影響有多大，但是關於爲什麼會有影響，此模型便無法回答了。因此，這個問題只有經由下列幾個理論來說明。

(1) 人力資本理論: 此理論將教育視爲一種投資，而日後的收入便是這種投資的報酬。Becker (1964) 和 Mincer (1974) 就是此派的代表人物。此派認爲教育使人獲得技能，這些技能，使將來就業時較能發揮生產力。它並預測，當進入就業市場後，教育對收入的影

響, 起先可能影響較低, 但隨著時間的長久, 教育對收入的影響也就愈大。 而且他們也認為收入最後也隨著在職訓練 (On-the-job training) 而增加。

(2) 審核理論(screening theory)或信號論 (signaling theory): 此派的代表人物有 Stiglitz (1975), Arrow (1973) , 及 Spence (1974) 等人。 此派認為教育影響收入, 並非教育直接的影響, 而是把教育當作一審核的條件。雇主在雇用某人之前, 並不確定他的生產率多高。因此, 雇主得尋求那些可能代表生產率高低的指標。而教育被認為是一種相當重要的指標。它被雇主視為表示生產率高低的重要信號 (signal)。也就是說教育是雇主雇用人的一種標準, 若教育程度恰為雇主所要求的, 則會被錄用。 此理論認為若將教育視為審核的標準, 審核出來的那批人就比沒被審核出的那批人應更能發揮其生產力。但是, 他們也認為一旦進入公司之後, 教育當作一種影響收入的因素會愈來愈小, 而收入的多寡受個人的才能與興趣的影響會愈來愈大。也就是說, 工作久了之後, 雇主會漸漸依你的工作表現而決定你的收入。因此, 此派是預測教育對收入的影響, 開始時會很大, 而隨後便愈來愈小。

(3) 文憑論 (Credentialism): 主要代表人物有 Meyer (1977), Collins (1979) 等人。Collins 寫了一本書, 書名卽是「文憑社會」 (*The Credentials Society*)。 文憑論認為教育本身有其象徵的意義 (symbolic meaning), 而此象徵的意義是個人永恆的地位特質, 它對個人的職業生涯之影響也是永遠重要的。因此, 教育對收入的影響, 從開始起就相當大, 而且, 隨著時間的演進會愈來愈大。

(4) 衝突論 (conflict theory): 衝突學派學者, 例如 Bowles和 Gintis (1976) 等人, 認為教育是扮演一種生產的社會關係的代代承

襲的功能。 Robinson (1984) 的研究指出，生產的社會關係 (social relations of production) 之代代傳襲，以及教育在其中所扮演的功能，是依階級型態而定。就資本家而言，其所擁有的生產工具和所購買的勞力是直接傳給下一代，教育在此傳襲過程中，幾乎不扮演任何功能。卽不管其兒子的教育程度是高或低，資本家還是可以直接將家庭之產業移轉給下一代。但是，如果欲使其下一代能够在購買勞力之外，還能控制勞力，則受其下一代的教育程度之影響就相當大。因爲，對於勞力的控制，須經由良好的教育程度、知識和專業技能，才能獲得，而非可以直接由資本家傳給下一代。同樣地，就控制勞力的經理級人員而言，因爲勞力的控制並非可以直接代代相傳，所以如欲使其下一代也能成爲經理級人員，繼續控制勞力，則非使其下一代受良好的教育程度不可。在此過程中，教育在代代傳襲功能中所扮演的角色，就格外顯得重要。

（四）家庭在地位取得研究的重要性

通常而言，地位取得研究的重心是在個人。雖然它可能考慮到父母親的收入、職業地位或教育，但是，它仍將家庭碎化(atomized)，而未將其當作一個整體。家庭成一整體更能表現出它的力量，而使社會不平等更易繼續傳遞下去，例如：美國洛克菲勒家族、甘迺迪家族分別在商業界及政界扮演著舉足輕重的角色。這種把家庭視爲一整體，發揮家族力量，使社會不平等繼續傳遞下去的概念，在地位取得研究中都很缺乏。但是，地位世襲的重心在上一代與下一代之間，因此家庭應該也是一個不可忽略的研究重心。在此方面，經濟學家似乎比較不太注重，人力資本理論的重心不在代與代之間的流動，只探討教育、訓練對收入的影響，因此他們很少探討家庭對社會不平等的

影響。而社會學家探討地位世襲，則很重視兩代之間的地位傳承。因此，社會學的地位取得探討，家庭應是很重要的重心之一。總之，人力資本理論是著重於代內流動，而地位取得理論的重心是在於代間流動。凡是代間流動的探討，家庭都應是很重要的探討因素。因此，社會學及人類學的領域中，對家庭的探討是相當重要的。

（五）科際整合的問題

從以上種種的討論，我們可以看出地位取得研究跟經濟學有相當密切的關係，特別是與經濟學中的人力資本理論和審核論息息相關。事實上，社會流動本身隱含著一個不平等的階梯存在。而不平等的研究，乃是社會學、經濟學、政治學的共同研究主題，只不過三者的理論重心和研究取向有所不同而已。所以，若社會學家能對經濟學理論也有所了解，或者是經濟學家也能對社會學理論有所了解，則可以彼此互惠，也可以互相截長補短。因此這種科際整合的問題在整個社會階層化和社會流動的探討中是很有必要的。我們若將不平等的問題當作是社會學、經濟學、政治學共同研究的課題，彼此截長補短，如此對社會階層與社會流動的研究必然會有很大的幫助。

五、對地位取得研究的批評

地位取得研究本身雖有其特色，然而，其本身也並非沒有缺陷。地位取得研究的缺點之一，乃是研究者大都忽略個人特質之外，那些可能影響個人地位取得的結構性因素。即使研究者考慮到結構性因素的可能影響，但也常只把它當做常數加以控制，而非把它當做變數加以研究。因此，地位取得研究的最大缺點，乃是它的極端個人主義導

向。影響個人地位取得的因素，不管是個人特質因素（教育程度、家庭背景、智商、成就動機等）也好，或者卽使是結構性因素（市場結構、政府干預等）也好，其研究的基本單元(basic unit of analysis)，仍是個人，而非結構。也就是說，地位取得研究的自變數和他變數通常都是侷限在個人層次之內。卽使自變數擴展到結構性因素，但是它整個的研究重心，仍是限於個人層次之內。地位取得研究只注意到那些影響個人進入高低不等地位的因素，而忽略了這些因素在某一具體的社會脈絡（social context）（例如公司）實際運作的過程。同時，更重要地，它也忽略了職位（position）與職位間彼此的關係。地位取得研究，雖然設法去測量各種地位的高低，例如 Treiman (1977) 的「標準國際職業聲望量表」，但是都把這些地位抽離出具體的社會脈絡（concrete social context）而視它們爲隔離的，不相連帶的事物。事實上，我們都知道，地位與地位間的高低，常是透過具體的社會機構（公司、學校、醫院、政府機構等）表現出來的。而且，他們的高低，正是他們彼此密切相互關連而組成一高低不等的地位結構（structure of positional inequality）。而此高低不等的地位結構所呈現出來的社會現象，例如他們如何實際運作，相互連帶和影響，結構上的特性爲何，相同的地位在不同的地位結構下有何不同等等，乃是地位取得研究者所忽略的。因此，從1970年代末期以來，不少學者相繼指出高低不等的地位結構本身對於個人地位取得的影響；而且，他們也認爲結構本身在邏輯上先於個人的地位取得(Burawoy, 1977)；同時，假使社會學的重心乃在研究社會結構的話，高低不等的地位結構研究應是比個人地位取得的研究更爲重要（Spilerman, 1977; Wright and Perrone, 1977; Burawoy, 1977; Beck et al., 1978; Snyder et al., 1978; Tolbert et al. 1980; Baron and Bielby,

1980, 1984a 1984b)。這一派逐漸興起的理論，在社會階層的研究上，乃被稱爲 "新結構論"(new structuralism) (Baron and Bielby, 1980)，我們將在下章中詳細討論。

除了被批評爲忽視結構性因素和社會脈絡之外，地位取得研究也被指責忽略了人們的地位取得背後的歷史脈絡。Goldman 和 Ticka-myer (1984) 指出，美國的地位取得研究將職業地位等級化和個人化，這種社會階層型態，其驅策力源於工資勞工之結構和意識型態。市場和工資勞工成爲構成此種階層型態的必須條件，再加上美國廿世紀初期的 (1) 社會生活科層化； (2) 勞動過程的再組合；以及 (3) 日常生活的商業化此三種充分條件，才使此種階層型態充分發展。因此，地位取得研究把地位置於單一的，高低層次分明的連續體上，這種概念基本上是植根於資本主義體系本身的邏輯結構，以及階級衝突在歷史上的動態發展。在生產過程的階級競爭上，資方經由工作非技術化和分離勞工的策略以求控制勞工；另一方面，勞工也多方尋求途徑以增進其力量，而以在增加工資和福利上的努力最爲成功。因此，廿世紀以來，勞資雙方成爲商業化關係和商業化價值最主要的支持者，因而才使得階層型態成爲單一化、等級化和個人化。地位取得研究並沒能把握住此歷史背景，因此，使得其研究只能反映出美國社會階層與流動的表面型態，而忽略了支撐此種表面型態的背後的美國的工資勞工之基本關係。

六、結 論

總之，地位取得研究代表著近二十年來社會階層化和社會流動研究的主流。因此，本章花了不少篇幅探討地位取得模型及其意義，以

及對它的批評。希望能經由本章對它的介紹，增進大眾對地位取得研究的瞭解和研究興趣，以收拋磚引玉之效。

參 考 資 料

許 嘉猷

1981 〔新結構論: 社會階層研究的新方向〕思與言，第19卷第 3
期，第234-249頁

許 嘉猷

1981 〔出身與成就: 美國人民的地位取得及其在臺灣地區之適用
性〕美國研究，第11卷第 4 期，第1-29頁

Alexander, K. L., M. Cook, and E. L. McDill

1978 "Curriculum tracking and educational stratification:
some further evidence." *American Sociological Review*
43: 47-66.

Arrow, Kenneth J.

1973 "Higher education as a filter." *Journal of Public
Economics* 2: 193-216.

Baron, James N. and William Bielby

1980 "Bringing the firms back in: stratification, segmenta-
tion and the organization of work." *American Sociol-
ogical Review* 45: 737-765.

1984a "The organization of work in a segmented economy."
American Sociological Review 49: 454-473.

1984b "Organizational perspectives on stratification." *Annual
Review of Sociology* 10: 37-69.

Becker, Gary

1964 *Human Capital*. New York: Columbia University Press.

Bielby, W. T.

1976 *Response Errors in Models of the Intergenerational Transmission of Socioeconomic Status*. Unpublished Ph. D. dissertation. University of Wisconsin, Madison.

Blau, Peter and Otis Dudley Duncan

1967 *The American Occupational Structure*. New York: Wiley.

Bowles, S.

1972 "Schooling and inequality from generation to generation." *Journal of Political Economy* 80: 219-51.

Bowles, S. and H. Gintis

1976 *Schooling in Capitalist America*. New York: Basic Books.

Burawoy, Michael

1977 "Social structure, homogenization, and 'The process of status attainment in the United States and Great Britain'." *American Journal of Sociology* 82: 1031-42.

Collins, R.

1979 *The Credential Society*. New York: Academic Press.

Coser, Lewis A.

1975 "Presidential address: two methods in search of a substance." *American Sociological Review* 40: 691-700.

Dahrendorf, Ralf

1959 *Class and Class Conflict in Industrial Society.* Stanford: Stanford University Press.

Davis, K. and W. E. Moore

1945 "Some principles of stratification." *American Sociological Review* 10: 242-49.

Duncan, Otis Dudley

1961 "A Socioeconomic Index for All Occupations." pp. 109-138, in Albert J. Reiss, Jr. (ed.), *Occupations and Social Status.* New York: Free Press.

Duncan, Otis Dudley, David L. Featherman, and Beverly Duncan

1972 *Socio-economic Background and Achievement.* New York: Seminar Press.

Featherman, David L. and Robert M. Hauser

1978 *Opportunity and Change.* New York: Academic Press.

Goldman, Robert and Ann Tickamyer

1984 "Status attainment and the commodity form: stratification in historical perspective." *American Sociological Review* 49: 196-209.

Hauser, R. M. and D. L. Featherman

1976 "Equality of schooling: trends and prospects." *Sociology of Education* 49: 99-120.

Hcran, Patrick M.

1978 "Is status attainment research atheoretical?" *American Sociological Review* 43: 534-541.

Jencks, Christopher S., Marshall Smith, Henry Acland, Mary Jo Bane, David Cohen, Herbert Gintis, Barbara Heyns, and Stephan Michelson

1972 *Inequality.* New York: Basic Books.

Jencks, Christopher S., Susan Barlett, Mary Corcoran, James Crouse, David Eaglesfield, Gregory Jackson, Kent Mc Clelland, Peter Mueser, Michael Olneck, Joseph Schwartz, and Sherry Ward

1979 *Who Gets Ahead?* New York: Basic Books.

Kalleberg, Arne L. and Ange B. Sorensen

1979 *The Sociology of Labor Markets.* Annual Review of Sociology 5: 351-379.

Meyer, John

1977 "The effects of education as an institution." *American Journal of Sociology* 83: 55-77.

Mincer, Jacob

1974 *Schooling, Experience and Earnings.* New York: Columbia University Press.

Parsons, Talcott

1940 "An analytic approach to the theory of social stratification." *American Journal of Sociology* 45: 841-62.

Poulantzas, N.

1975 *Classes in Contemporary Capitalism.* London: New Left Books.

Robinson, Robert and Jonathan Kelley

1979 "Class as conceived by Marx and Dahrendorf: effects on income inequality and politics in the United States and Great Britain." *American Sociological Review* 44: 38-58.

Robinson, Robert V.

1984 "Reproducing class relation in industrial capitalism." *American Sociological Review* 49: 182-196.

Swell, W. H. and R. M. Hauser

1975 *Education Occupation and Earnings: Achievement in the Early Career.* New York: Academic Press.

Snyder, David, Mark D. Hayward, and Paula M. Hudis

1978 "The location of change in the sexual structure of occupation 1950-1970, insights from labor markets segmentation theory." *American Journal of Sociology* 84: 706-17.

Spilerman, Seymour

1977 "Careers, labor market structure, and socioeconomic achievement." *American Journal of Sociology* 83: 551-93.

Stiglitz, J.

1975a "Incentives, risk and information: Notes towards a theory of hierarchy." *Bell Journal of Economics* 6 (autumn): 552-78.

1975b "The theory of 'screening', education and the distribution of income." *American Economic Review* 65

(June): 283-300.

Tolbert, Charles M., II. Patrick M. Horan, and E. M. Beck

1980 "The structure of economic segmentation: a dual economy approach." *American Journal of Sociology* 85: 1095-116.

Treiman, Donald D.

1977 *Occupational Prestige in Comparative Perspective.* New York: Academic Press.

Treiman, Donald J. and Robert V. Robinson

1981 *Research in Social Stratification and Mobility.* Greenwich, Connecticut: JAI Press Inc.

Wright, Erik O. and Lucca Perrone

1977 "Marxist Class Categories and Income Inequality," *American Sociological Review* 42: 32-55.

第十一章　社會流動：㈡新結構論

一、前　言

　　新結構論的興起，　一方面乃是由於學者們對資本主義的經濟結構，再度引起興趣 (Galbraith, 1967; Baran and Sweezy, 1966; Shephered, 1979);　另一方面如前章所述，　乃是由於對地位取得研究的個人主義導向所引起的反應。　因此，　其理論的來源也就非常廣泛，包括社會階層、職業社會學、工業社會學、組織社會學、制度經濟學等等 (Kalleberg and Sorensen, 1979; Tolbert, Horan, and Beck, 1980; Baron and Bielby, 1980)。同時，其對於「結構」的概念和理論，　也因之相當分歧不一致，且相當不完整。這些概念和理論，包括「雙重經濟」(dual economy)，「雙重勞力市場」(dual labor market)，「內部勞力市場」(internal labor market)，「多層勞力市場」(segmented labor market)，「勞力市場和社會關係」(Labor market and social relations)等等。

　　新結構論的理論，　雖然呈多元的同質異形 (multimorphos) 狀態，但他們仍有共同的主題和重心。首先，他們強調個人特質之外的

結構因素，如勞力市場特質、階級等影響個人的成就。而且，社會結構和個人成就間的關係，主要是透過「工作結構」（structure of work）本身的運作而具體表現出來。工作結構影響個人地位取得的主因，除了地位取得研究所強調的技術上的需求之外（Blau and Duncan 1967; Treiman, 1977），更包括行政控制方面的需求（Simon, 1957; Cyert and March, 1963; Leibenstein, 1979）。因此，新結構論者強調：在研究「工作結構」影響個人成就之時，須先瞭解「工作結構」本身（Wright and Perrone, 1977; Kalleberg and Griffin, 1980; Baron and Bielby, 1980），「工作結構」是連接社會結構與個人成就的中間橋樑。簡而言之，新結構論者強調影響個人的結構因素和居間連此二者的「工作結構」本身。其所研究的方向，主要有三：（1）探討經濟、產業部門、公司以及勞力市場結構及其分割情形；（2）這些分割現象對個人收入的影響；以及（3）不同的產業部門、公司或勞力市場結構對職業生涯和流動的影響。以下將就此作扼要的陳述。

二、結構因素——勞力市場

在影響個人成就的結構因素當中，最爲新結構論者所強調的，乃是勞力市場。勞力市場乃是指工人出售其勞力以換取工資和其他報酬之會合處（Kalleberg and Sorenson, 1979）。勞力市場的研究可以幫助我們瞭解社會經濟結構特質如何影響雇主與工人間的關係，從而影響不平等的各種型態。在工業社會中，大多數人靠工作本身換取所得和其他報酬，因此，勞力市場過程（Labor market processes）也就成爲各種有價值事物的分配（例如所得，地位）之中樞機構（mechanism)。而勞力市場的結構與過程上的特質，也漸爲研究社會階層化與社會流動的學者們所關心。其中，較爲學者們所注意的理論有「雙重勞力市場」，雙重經濟，和「內部勞力市場」理論。

(1) 雙重勞力市場

雙重勞力市場的理論，最早由 Piore (1968, 1969, 1970) 所提出。其重要的代表，除了 Piore 之外，尙包括 Doeringer (1969), Baron (1968), Bluestone (1970) 和 Wachtel (1970) 等人。此一理論的主題乃是認爲勞力市場分爲二個市場或部門(sector)，而二個部門，之間很少有流動性。此二個部門是初級部門 (primary sector) 和次級部門 (secondary sector)。此處所指的初級部門和次級部門與一般經濟學者如 Clark 等人對經濟部門分爲 primary sector, secondary sector 和 tertiary sector 不同。在次級部門裏，工作組織的特質爲低技術性的工作，低上昇的機會，和就業的不穩定性等等；相反地，在初級部門裏，工作組織的特質爲有工作階梯以提供上昇的機會，在職訓練，和多等級的薪資等等。Piore 認爲:

「初級市場提供具有下列特性的工作: 高工資，良好的工作環境，就業穩定性和工作安定性，工作規則的處理上是公平的和有適當的程序，和有昇遷的機會。次級市場的工作，相對於初級市場的工作而言，是相當不吸引人的。他們傾於包括著低工資，不良工作情況，就業的相當變異性，辛勞和常是專斷的訓練，和幾乎無昇遷的機會」(Piore, 1971:91)。

Piore 更進一步把初級市場分爲高層 (upper tier)和低層(lower tier) 二種。 初級市場的高層方面主要包括專業工作 (professional jobs) 和經理工作 (managerial job)。它和低層工作方面主要的不同是更高的收入和地位，更高的流動性和人事變動（由於昇遷或另有高

就)，更高的自主性（卽少受嚴密的工作規則和行政細節所束縛）等等 (Piore, 1975: 126)。

雙重勞力市場理論因此認為：在分析勞力市場時，我們的著眼點不應只注重專業人員、技術工人或非技術工人的個人特質本身，更重要的是這些人所佔的工作特性。人們難由次級市場的工作昇入初級的工作，主因不在於「地位取得」研究者所強調的個人特質（如教育程度，成就動機）本身，而是在於結構上的限制和良好工作的缺乏。

在支持雙重勞力市場的證據方面，Gordon (1971) 用因素分析去評價美國勞力市場的雙重性，他發現了一個因素可以用來區別雙重勞力市場的工作特質；另外，Bosanquet 和 Doeringer (1973) 在大布列顛的研究發現：工人在初級市場有較低的離職率，較高的薪水，較好的上昇機會，和在職訓練的機會，而在次級市場的工作則較少有這些特質 (Kalleberg and Sorenson, 1979)，另外，在低度開發的國家中，如阿富汗等，也有類似的現象 (Scoville, 1974)。

(2) 雙重經濟

雙重經濟理論，可以追溯自 W. A. Lewis (1954), J. C. Fei和 G. Ranis (1964)。他們認為在勞力剩餘經濟 (labor surplus economy) 體系之下，工資乃決定於傳統部門，卽農業部門的生活水準。雙重經濟理論的來源，主要是從學者們研究開發中國家的國家發展而來。他們注意到許多開發中國家的經濟社會結構常呈現雙重狀態，卽所謂的傳統部門 (traditional sector) 和現代部門 (modern sector) (Smith, 1965; Singer, 1970; Higgens, 1972)。在整個世界經濟體系上，也有如此現象，因而有所謂的「邊緣」(periphery) 國家和「核心」(core)國家之區分(Frank, 1969; Wallerstein, 1974)。甚至在已開發國家的社會經濟體系上，也是如此。

　　雙重經濟理論與雙重勞力市場理論關係極為密切。二者都以分割 (segmentation) 的概念，特別是雙重論 (dualism) 的觀點去分析勞力市場或經濟結構。二者的不同主要在於著眼點的不同。雙重勞力市場理論注重描述勞力市場的分割狀況，而較不注重分割的起源。雙重經濟理論者承認勞力市場分割現象的存在，但是認為此種情形是經濟結構或次序 (order) 本身的分割過程中所產生的結果。正如 Edwards 所言:

　　「(雙重經濟) 的中心論點……是勞力市場上的行為……反映出生產本身的基本過程……。因此，為瞭解勞力市場過程導致羣體在所得、失業，和流動上的差異，我們必須探究支配生產的制度上之安排」(Edward et al. 1975:4)。

　　雙重經濟的主要人物，如 Averitt (1968), Bluestone (Bluestone, et al. 1973) 在探討美國的產業結構時都提出雙重經濟的概念。Averitt 認為美國的商業組織有二種不同的類別，即 "center firms" 與 "periphery firms" (firm 在此乃指產業的經濟組織而言，非一般所說的公司)。前者與後者在經濟規模、組織結構、產業地點、生產因素、市場集中方面都不同。Bluestone 也指出美國工業結構的分割情形而提出「雙重經濟」的概念:

　　「核心經濟 (core economy) 包括那些構成美國經濟與政治力量中樞的工業。核心經濟裏的公司們以高生產率、高利潤、資本密集利用、高度壟斷要素的發生、高度的工會化為其特色。在這些工業裏就職的工人們，極大多數都享有相當高的工資，比平常工人好的工作環境和工資之外的福利……。

　　那些在核心經濟之外的工業則缺乏幾乎所有通常在核心公司可發現到的利益……。邊緣產業以小的公司規模、勞力密集、低利潤、低

生產率、產品市場高度競爭、無工會化，和低工資爲其特色，不像核
心區的工業，邊緣區缺乏資產，政治力去充分利用經濟規模的效益，
或者以大筆款項去做研究發展」（Bluestone et al. 1973: 28-29）。

在理論驗證方面，Oster（1979）以二十九項產業變數做因素分析
以求證雙重經濟的因素是否存在，結果他發現美國工業結構確有所謂
的 「核心——邊緣」 這種工業階層的模式存在。 另外， Tolbert,
Horan 和 Beck（1980）三人以十七項產業變數做因素分析去測量雙
重經濟理論，結果找出經濟規模、產品特質、勞力市場指標的共同因
素。此外，他們也以這些指標對經濟社會結構的分割現象提出了「二
元分割測量法」（dichotomous segmentation measure）和 「連續分
割測量法」（continuous segmentation measure）。 但是， Baron 和
Bielby（1984a）的實證研究結果指出，以產業部門分割之概念去分析
經濟和勞力市場的雙重現象，並非最佳途徑。如果以組織型態特質（
大小、結構和技術）和市場力量去區別核心和邊緣產業，所得的結果
更令人滿意。

（3）內部勞力市場

內部勞力市場的概念，首由 Kerr（1954）提出。 其意思乃指在
一個行政單元（例如某一企業，某一公司）裏，其內部本身有一套複
雜的規則以決定員工的流動和昇遷。當員工們進入此一公司或企業之
後，他們之間雖然彼此競爭，但是不必直接與公司或企業之外的人們
競爭，卽較不受外部勞力市場（external labor market）的力量所支
配。

Doeringer 和 Piore（1971）把內部勞力市場和雙重勞力市場聯
合起使。他們認爲初級勞力市場本身有一連串的內部勞力市場，卽有
一連串的工作階梯，低一級的工作是爲高其一級的工作之必經之路，

如此循序而上，成爲一個前進之路線 (line of progression); 另一方面，在大多數次級勞力市場裏的工作常無內部勞力市場，即工作本身常只有很短或者根本沒有上昇階梯，人們進入那一工作之後就猶如進入死胡同一樣，再也無上昇之路。

以上我們介紹了雙重勞力市場、雙重經濟和內部勞力市場理論。這些理論，具有一共同的基本特質，即都是以「分割」(segmentation) 的概念去分析勞力市場或經濟結構。所不同的是對「勞力市場分割」(labor market segmentation) 的重心不一樣。有的重視產業部門的分割，有的重視公司內部與外部之間的分割，有的重視職業的分割等等。也因爲如此，有關勞力市場分割對工作報酬所造成的差異之研究結果，也就不一致，而且引起學者們 (Kaufman et al., 1981; Wallace and Kalleberg, 1981; Hodson and Kaufman, 1982) 對新結構論之批評。因此，爲澄清新結構論者，尤其是勞力市場分割理論者彼此間的差異，不少新結構論者們(Burawoy, 1977; Rosenbaum, 1979; Hodson and Kaufman, 1982; Baron and Bielby, 1980, 1984a, 1984b) 相繼指出: 新結構者應注意到這些結構性因素如何在具體的社會結構裏（例如公司）表現出來; 新結構論者和地位取得研究者雖各自強調結構因素和個人因素對個人地位取得的影響，但是二者都未說明此二類因素如何在具體的組織裏（例如公司）實際運行的情形，因此二者的解釋力也就降低。故對於此二類因素在具體組織裏的實際運作情形，乃成爲一急待研究的課題。Baron 和 Bielby (1980, 1984a) 乾脆更清楚地建議: 對於社會不平等的結構有興趣的社會科學研究者，假如他們「把公司帶進來」(bringing the firms back in)，即把組織結構與過程帶進勞力市場分割的經驗研究裏，將可得到無法計算的助益。

三、社會結構與工作報酬

如前所強調，「雙重勞力市場」、「雙重經濟」和「內部勞力市場」這些結構上的特性，影響個人的成就。底下將就此加以介紹。

在新古典經濟理論裏， 工 人 的工資取決於勞力市場的供給與需求。在競爭性的平衡 (competitive equilibrium) 此一假定下，工人的工資等於邊際生產品 (marginal products) 的價值，卽邊際產品的分佈等於工資所得的分佈。經濟學者通常假定需求是相當穩定的，需求的波動只是短期的現象。在此情形下，勞力市場的供給方面常成爲經濟學者探討的重心。 經濟學上的 「人力資本理論」 (human capital theory) 就以個人的特質， 例如個人的教育程度、能力、經驗，和訓練來解釋個人所得上的差異。教育與訓練乃被視爲個人的投資，而所得上的差異乃被視爲對個人受教育或訓練等的補償(Becker, 1964, 1971; Mincer, 1970, 1974; Blaug, 1976; Kalleberg and Sorenson, 1979)。

同樣地，「地位取得模型」研究，如前章所述，也是以個人的特質，如家庭背景和教育程度，去探討個人的職業報酬。與「人力資源理論」稍不同的，就是「地位取得」研究以「職業聲望」做爲職業報酬的重心，而非只以所得爲重心；同時，它也不像「人力資源理論」一樣，並無對個人的特質與職業報酬提供理論上的解釋（雖然其模型本身與功能論相吻合），而只是描述二者間的關係。

相反地，新結構論者分析勞力市場時，著眼於工作特質(Job characteristics) 本身，而非處於其位者的個人特質。因此他們特別強調社會經濟結構的因素影響工作報酬。 這 些 結構性因素包括職業特質

(Stozenberg, 1975; Bibb and Form, 1977)，工業特質 (Bibb and Form, 1977; Tolbert, et al. 1980)，組織特性(Talbert and Bose, 1978; Bridge and Berk, 1974) 和階級特性 (Wright and Perrone, 1977)等。例如 Bibb 和 Form (1977) 二人探討工業、職業和性別階層三者對工人工資的影響，他們發現社會結構的變數對於工人工資的影響大於人力資本這類的變數；Tolbert 和 Bose(1977) 研究某一勞力市場裡個人特質和組織結構對零售商店店員工資的影響，他們也發現工作固定化 (work routinization) 和組織對環境的依賴二者決定了一大部份工資的變動。Bridge 和 Berk (1974)二人以芝加哥二十一個財政組織爲樣本，分析雇員特性、工作內容，和公司特性三類變數對白領工人工資的影響。他們發現個人特質 (性別、婚姻狀況、種族和教育)，公司本身特性，工作特質都影響到工資的差異；因此，他們發現控制個人特質因素後，組織間和組織內的因素仍然影響到工資的變動。此外，Stozenberg (1975) 研究職業、勞力市場和工資取得過程的關係。他也注意到在研究決定工資的因素時，必須在「地位取得模型」之外加入結構性的因素。

　　「人力資本」理論並非沒看到這些因素，但是他們傾向於把這些結構性的干擾當做勞力市場一時的不平衡性，和完全競爭市場的不完全性。勞力市場的不平衡性只是暫時的現象，不久之後應會再回到平衡狀態。而完全競爭市場的不完全性並不太嚴重，只不過理論本身與事實間的小小差距而已，並不會妨礙理論本身的正確性和預測性。相反地，新結構主義者認爲勞力市場的不平衡性和不完全競爭性是持久嚴重的現象，正反映出勞力市場本身的特質。因此，它們是非常重要，不能加以忽略的。把勞力市場假定是平衡的完全競爭市場是天眞無知，太與現實脫節的看法。

四、社會結構、職業生涯和社會流動

　　如前所述，對於社會流動的研究，「地位取得」研究者注重個人特質因素，而新結構論者注重結構因素。Spilerman（1977）試圖以職業生涯（career）的研究去連接二者。 他們提出 「職業生涯線」（career line）和「工作軌道」（Job trajectory）代表個人的工作歷史。Spilerman 認為個人在早期進入「職業生涯線」之後，由於花費不少心血在工作上，時間、精力等投資在工作上愈積愈多，因此個人逐漸植根於此「職業生涯線」上，而跟隨其中之一條路徑循序而上。由於勞力市場的分割和各種不同力量對各行業的影響，各個「職業生涯線」 的待遇和聲望很可能有很大的差異， 即使個人的背景極為相似。Spilerman 因此建議：對於職業生涯線的研究，我們的著眼點應放在工作序列（Job sequences）的特性上，例如它的進口處，它含有多少個位置，跳槽到其他「職業生涯線」的可能性，個人在工作序列上的收入、地位和滿意程度隨著教育、年齡會有何改變等等。另外，Jacob（1983）的研究指出， 在邊緣產業部門工作者， 並不會成為妨礙他們跳槽到核心 產業部門的主要障礙。 真正妨礙職業 生涯流動（career mobility）的主要因素，乃是白領階級與藍領階級之界限。此一界限成為一主要鴻溝，阻礙藍領階級跳槽到白領階級。而 Tolbert（1982）的研究指出， 在不同產業部門工作者， 會因在不同產業部門工作之故而影響其晚期職業生涯流動之型態。

　　另一方面， Rosenbaum（1979） 研究員工們在公司內部的陞遷情形。他認為年輕的員工們表現出來的高度成就動機，並非僅是由於其本人的人格特質之故，更重要的是來自於結構上的壓力，即員工們

必須及早獲得陞遷，否則就很難有陞遷的機會。而且當員工們陞遷得晚時，將很難有更進一步陞遷的機會。此外，Baron 和 Bielby (1984a) 以組織型態複雜性（大小、結構與技術）和市場力量去區別核心產業與邊緣產業。他們發現，組織型態愈複雜和市場力量愈大的產業，即核心產業，其工作頭銜（Job titles）愈擴散（proliferation），而且愈以內部職業生涯階梯（即內部勞力市場）為員工陞遷之基礎。

對於社會結構因素影響個人社會流動之驗證，大都來自「內部勞力市場」和「雙重經濟」理論，而非來自雙重勞力市場理論，如上述例子即是。相反地，依照雙重勞力市場的看法，初級勞力市場和次級勞力市場彼此間的流動性很低。然而，此一假設並未得到廣泛的支持。事實上，Rosenberg (1975) 和 Leigh (1976) 的研究都發現初級勞力市場和次級勞力市場間仍有相當程度的流動性。這些例子說明雙重勞力市場間的流動情形，有待更進一步的研究和修正。

五、結構層次與分析單元

新結構論者雖然強調結構因素影響社會的不平等。然而，如上所述，新結構論者對「社會結構」的看法並不一致，有的強調勞力市場，有的強調社會階級，有的強調經濟結構，也有的強調職業特性等等，莫衷一是。為了說明新結構論與地位取得研究之不同，和新結構論本身間之不同，我們將以 Baron 和 Bielby (1980) 的圖表加以說明：

依此圖表，正統的「地位取得」研究以個別的工作者為經驗研究的基本單元，而他們理論的著眼點包括個人層次和社會層次，而以個人層次為主。在社會層次方面，地位取得研究者視近代社會的技術分

表一 工作組織之分析層及分析單元

分 析 層	分 析 單 元
社　會 制　度 組　織 角　色 個　人	組　　　　　濟 部門（市場、產業） 公　　　　　司 職　　　　　務 工　　　　　人

資料來源：Baron and Bielby, 1980: 743

化 (technical differentiation) 為減低世襲性不平等 (ascriptive sources of inequality) 的要因。因此，在個人層次的研究上注意到技術上的要求減低了多少代與代間世襲地位的延續。

另一方面，新結構論者強調非個人層次的因素（卽表一的社會、制度、組織和角色層次）影響個人的成就。因此，他們分析的基本單元包括圖表上的經濟（雙重經濟理論）、部門（雙重勞力市場理論）、公司和職務（內部勞力市場理論），與地位取得研究之以個人為分析的基本單元不同。

新結構論和地位取得研究雖然都認為結構因素影響個人的「地位取得」，但是具體的理由二者都有極大的不同。地位取得研究者認為是由於社會分工愈來愈細，技術上的效率也愈來愈高，因之技術效率 (technical efficiency) 的結構性因素，與個人特質因素，乃成為分配個人到不同職位上的基本依據，而技術效率的需求乃成為近代「工作」發展出來的主因。與此相對的，新結構論者認為近代「工作」發展出來的原因，不僅是由於技術效率的需求，還由於社會控制的需求。這批人認為近代的技術分工，資本代替勞工，自動化等現象不僅

只是工程和經濟效率方面的事，事實上，此種設計還包含資本家和經理爲求對生產過程能做最高控制的考慮。Braverman (1974) 指出，由於社會控制的需求，導致「工作」設計和執行的分開，和工人的同質化，而與工作依據不同技術而化分的要求僅有表面粗淺的關係。Stone (1974) 也指出，內部勞力市場的設計，即公司的職業設計，主要乃是由於社會控制的考慮，用來安撫和調節員工。因此，生產單位本身內部的分工，不應只屬於計算生產函數、邊際成本、邊際利益的範圍內，社會控制的考慮可能更爲重要。

爲了驗證二者的理論，「工作組織」(Organization of Work) 的研究乃成爲非常重要，而此乃是二者所最缺乏的。Baron 和 Bielby (1980, 1984a, 1984b) 就指出: 新結構論者和地位取得研究者雖各自強調結構因素和個人因素對個人地位取得的影響，但是二者都未說明此二類因素如何在具體的組織裡（例如公司）實際運行的情形，因此二者的解釋力也就降低。故對於此二類因素在具體組織裡的實際運作情形，乃成爲一急待研究的課題。Kalleberg 和 Sorenson (1979) 也指出新結構論者應該對各種勞力市場如何在組織、職業和工業之內和彼此之間的實際運行情況，加以研究；同時，也得對各種勞力市場的範圍做更進一步的明確陳述 (specification)。

綜上述，新結構論對社會學理論及研究的貢獻，最主要的，約有下列二點:

1.新結構論透過對「工作組織」的深入研究，即可幫助我們對社會結構有較客觀，較具體的瞭解。本書作者認爲，社會學最主要的任務乃在於對社會結構之探討，在現代的工業社會裡，「工作組織」乃成爲探討這類問題的理想對象。

2.深入研究並瞭解高低不等的地位結構。具體而言，新結構論幫

助我們瞭解社會結構與工作報酬間的關係、社會結構與職業生涯以及社會流動間的關係。

六、個人與結構

不論是地位取得研究，或者是經濟學中的人力資本理論，其重心都在個人，而衝突論、新結構論的理論重心則在於結構。但問題是在很多的情形下，個人與結構是密不可分的，就經濟學而言，工資是決定於供需曲線的相交點，而經濟學只探討供需決定工資，但是供給曲線與需求曲線如何相交，他們卻很少去加以探討。而此問題恰好是社會學的一個很好的研究主題。而且新古典經濟學家雖認為供需在短期之間會有不均的狀態，時而供過於求，時而求過於供，但此情形，就長期而言，終會達到均衡。問題是到了那一天，誠如經濟學大師凱因斯所言，我們都死光了。因此供給與需求如何相交，其實是社會學一個很好的探求主題。而供給與需求如何相交，就社會學而言，乃代表著個人與結構如何相會合，這也是一個很好的社會學探討主題。例如，我們把文憑當作一種資格，而取得職位之後，到底是繼續依據這種文憑的資格或是靠工作能力，我們把文憑當作一種結構性因素，而工作能力是個人因素，而看看兩者如何相互運作，這都是很有意思的探討主題。

七、這些理論何者比較適合

我們前面提過的功能論、人力資本理論、文憑論、衝突論及新結構論等等，這些理論，到底那一種比較正確？此問題，不僅是理論問

題，也是實證問題。但是，到目前為止，仍無定論。這些理論有些比較偏重個人或供給這一方面，有些比較偏重結構或需求這一方面，但是到底那一個理論比較合適？可能就要依工作的特質而定。一般而言，愈是同質的、完全競爭市場、功能論、人力資本理論及地位取得研究應該是比較適合，而愈是異質的勞力市場、非完全競爭市場的情況下，新結構論、文憑論則應該是比較合適。

參 考 資 料

許 嘉 猷

1981 「新結構論: 社會階層研究的新方向」，思與言，第19卷第
3期，234-249頁。

Averitt, Robert T.

1968 *The Dual Economy.* New York: Horton.

Baran, Paul, and Paul Sweezy

1966 *Monopoly Capital.* New York: Monthly Review Press.

Baron, Harold M. and Bennett Hymer

1968 "The Negro Worker in the Chicago Labor Market."
pp. 232-85 in *The Negro and the American Labor
Movement,* edited by Julius Jacobson. New York:
Doubleday.

Baron, James N. and William Bielby

1980 "Bringing the firms back in: stratification, segmentation
and the organization of work." *American Sociological
Review* 45: 737-765.

1984a "The organization of work in a segmented economy."
American Sociological Review 49: 454-473.

1984b "Organizational perspectives on stratification." *Annual
Review of Sociology* 10: 37-69.

Becker, Gary

1964 *Human Capital.* New York: National Bureau of Economic Research.

Becker, G. S.

1971 *Economic Theory*. New York: Knopf.

Bibb, Robert, and William H. Form

1977 "The effects of industrial, occupational, and sex strat-
ification on wages in blue-collar markets." *Social
Forces* 55: 974-96.

Blau, Peter M., and Otis D. Duncan

1967 *The American Occupational Structure*. New York:
Wiley.

Blaug, M.

1967 "The empirical status of human capital theory: a
slightly jaundiced survey." *Journal of Economic Liter-
ature* 14: 829-55.

Bluestone, Barry

1970 "The tripartite economy: labor markets and the working
poor." *Poverty and Human Resources Abstracts*
(supplement) 5: 15-35.

Bluestone, Barry, William M. Murphy, and Mary Stevenson

1973 *Low Wages and the Working Poor*. Ann Arbor: Inst-
itute of Labor and Industrial Relations. University of
Michigan.

Bosanquet, N., Doeringer, P. B.

1973 "Is there a dual labor market in Great Britain?" *The
Economic Journal* 83: 421-35.

Braverman, Harry

1974 *Labor and Monopoly Capital.* New York. Monthly Review Press.

Bridges, William P., and Richard A. Berk

1974 "Determinants of white collar income: an evaluation of equal pay for equal work." *Social Science Research* 3: 211-33.

Burawaoy, Michael

1977 "Social structure, homogenization, and The process of status attainment in the United States and Great Britain." *American Journal of Sociology* 82: 1031-42.

Cyert, Richard M., and James G. March

1963 *A Behavioral Theory of the Firm.* Englewood Cliffs: Prentice-Hall.

Doeringer, Peter B., Penny Feldman, David M. Gordon, Michael J. Piore, and Michael Reich

1969 "Urban Manpower Programs and Low-Income Labor Markets: A Critical Assessment." *Manpower Administration. U. S. Department of Labor, mimeograph copy, January* 1969.

Doeringer, Peter B., and Michael J. Piore

1971 *Internal Labor Markets and Manpower Analysis.* Lexington, Mass.: D. C. Heath.

Edward, Richard C.

1975 "The social relations of production in the firm and labor market structure." pp. 3-26 in Richard C. Edwards, Michael Reich, and David M. Gordon (eds.). *Labor Market Segmentation*. Lexington, Mass. : D. C. Heath.

Fei, J. C. and G. Ranis

1964 *Development of the Labor Surplus Economy*. Homewood. Illinois: Richard D. Irwin.

Frank, A. G.

1969 *Latin America: Underdevelopment or Revolution*. New York: monthly Review Press.

Galbraith, John K.

1967 *The New Industrial State*. New York: Houghton Mifflin.

Gordon, D. M.

1971 *Class, Productivity and the Ghetto: A Study of Labor Market Stratification*. Ph. D. thesis, Harvard University.

Hodson, Randy and Robert L. Kaufman

1982 "Economic dualism: a critical review." *American Sociological Review* 47: 727-39.

Jacobs, Jerry

1983 "Industrial sector and career mobility reconsdered." *American Sociological Review* 48: 415-21.

Kalleberg, Arne L. and Ange B. Sorensen

1979 "The Sociology of Labor Markets." *Annual Review of Sociology* 5: 351-79.

Kalleberg and Griffin

1980 "Class, occupation, and inequality in job rewards."
American Journal of Sociology 85: 731-68.

Kaufman, Robert, Randy D. Hodson and Neil D. Fligstein

1981 "Defrocking dualism: a new approach to defining industrial sectors." *Social Science Research* 10: 1-13.

Kerr, C.

1954 *The balkanization of labor markets. In Labor Mobility and Economic Opportunity*, eds. E. W. Bakke, P. M. Hauser, G. L. Palmer, C. A. Myers, D. Yoder, C. Kerr, 92-110. New York: Wiley; Cambridge; Mass.: Technology Press of M. I. T.

Leibenstein, Harvey

1979 "A branch of economics is missing: micro-micro theory."
Journal of Economic Literature 17: 477-502.

Leight, Duane E.

1976 "The occupational mobility of young men. 1965-1970."
Industrial and Labor Relations Review 30: 68-78.

Lewis, W. A.

1954 "Economic development with unlimited supplies of labor." *Manchester School of Economic and Social Studies* 22: 139-191.

Mincer, J.

1970 "The distribution of labor incomes: a survey with special reference to the Human Capital approach."

Journal of Economic Literature. 8: 1-26.

Mincer, Jacob

1974 *Schooling, Experience, and Earnings.* New York: Columbia University Press.

Oster, G.

1979 "A factor analytic test of the theory of the dual economy. " *Review of Economics and Statistics* 61: 33-9.

Piore, Michael J.

1968 "The impact of the labor market upon the design and selection of productive techniques within the manufacturing plant. " *Quarterly Journal of Economics* 82: 602–20.

1969 "On-the-job training in the dual labor market. " *In Public-private Manpower Policies, eds.* A. R. Weber, F. Cassell. W. L. Ginsberg, 101-132. Madison: Industrial Relations Research Association, Univ. Wisconsin.

1970 "Jobs and training. " *In The State and the Poor, eds.* S. H. Beer, R. E. Barringer, 53-83. Boston: Winthrop.

1971 "The dual labor market: theory and implications. " in D. M. Gordon, ed., *Problems in Political Economy: An Urban Perspective.* Lexington, Mass. : D. C. Heath, 1971.

Rosenbaum, James A.

1979 "Organizational career mobility: promotion chances in corporation during periods of growth and contraction. "

American Journal of Sociology 85: 21-48.

Rosenberg, Samuel

1975 "The dual labor market: its existence and consequences. " *Unpublished Ph. D. dissertation, University of California. Berkeley.*

Scoville, J. G.

1974 "Afghan labor markets: a model of interdependence. " *Industrial Relations* 13: 264-87.

Shephered, William. G.

1979 *The Economics of Industrial Organization.* Englewood Cliffs, N. J. : Prentice-Hall.

Simon, Herbert A.

1957 *Models of Man.* New York: Wiley.

Singer, H. W.

1970 "Dualism revisited: a new approach to the problems of the dual society in developing countries. " *Journal of Developmental Studies.* 7: 60-75.

Smith, M. G.

1965 *The Plural Society in the British West Indies.* Berkeley: University of California Press.

Spilerman, Seymour

1977 "Careers, labor market structure, and socioeconomic achievement. " *American Journal Sociology* 83: 551-93.

Stolzenberg, Ross M.

1975 "Occupations, labor markets, and the process of wage

attainment." *American Sociological Review* 40: 645-65.

Stone, Katherine

1974 "The origins of job structures in the steel industry." *Review of Radical Political Economics* 6: 113-73.

Talbert, Joan, and Christine E. Bose

1978 "Wage-attainment processes: the retail clerk case." *American Journal of Sociology* 83: 403-24.

Tolbert, Charles M., II. Patrick M. Horan, and E. M. Beck

1980 "The structure of economic segmentation: a dual economy approach." *American Journal of Sociology* 85: 1095-116.

Tolbert, Charles M., II

1982 "Industrial segmentation and men's career mobility." *American Sociological Review* 47: 457-477.

Treiman, Donald J.

1977 *Occupational Prestige in Comparative Perspective.* New York: Academic.

Wachtel, Howard M.

1970 "The impact of labor market conditions on hard-core unemployment: a case study of Detroit," *Poverty and Human Resources*, July-August 1970.

Wallace, M., B. L. Kalleberg

1981 *Economic organization, occupations, and labor force consequences: toward a specification of dual economy theory.* See Berg 1981, pp. 77-117.

Wallerstein, Immanuel

1974 *The Modern World System.* New York: Academic Press.

Wright, Erik O. , and Luca Perrone

1977 "Marxist class categories and income inequality. " *American Sociological Review* 42: 32–55.

第十二章 社會流動：

㈢結構變遷與結構性社會流動

一、結構性社會流動的意義

以上二章所討論的地位取得研究及新結構論，乃是傳統所研究的社會流動，通稱爲循環流動 (circulation mobility)，它主要是假定社會結構無重大改變之下，探討代內流動與代間流動機會是否有所不同。

但是，另外有一種所謂的結構性社會流動(structural mobility)，它所探討的社會流動之重心是由於整個社會結構的變遷所引起的社會流動。作家所謂的「沒落的王孫貴族」和「新興的商場新貴」，其實就隱含著社會結構改變而引起的社會流動。讓我們舉例說明此種結構性社會流動。例如，我們以實際收入來看社會流動，假設1960年第一代的所得分配由 2,000 元到 10,000元，共分 5 組，如表一所示。

而到了 1984 年的所得分配是由 4,000 元到 12,000 元，我們可以看出，即使某一家庭，其上下兩代同是在最低所得組，但1984年第二代的最低所得組的收入顯然是比1980年第一代的國民平均所得增加了 2,000 元。即二代的組別雖沒改變，但第二代的生活水準卻增進了。

表一 假想某一社會的所得分配（固定值）

第二代（1984年）

第一代（1960年）	12,000	最高所得組
最高所得組 10,000	10,000	
8,000	8,000	
6,000	6,000	
4,000	4,000	最低所得組
最低所得組 2,000		

這種情形就是結構性社會流動，是由於社會結構改變，也就是國民平均所得的提高所引起的社會流動。若就循環流動（circulation mobility）而言，雖然增加了 2,000 元，但它們仍屬於最低所得組，所以並沒有引起社會流動。因此，我們在探討兩代間的社會流動的變遷時，要先分清楚究竟是循環流動所引起的改變？還是結構性社會流動的影響？或者二者都有影響？

我們再來看看一些有關結構性社會流動的研究。威斯康辛大學的一些學者，如 Hauser（1975a; 1975b）等人研究美國的結構性社會流動，他們探討從一九五二、一九六二到一九七二這二十年間，美國的社會是否愈來愈開放，研究結果發現，在這三個階段，美國的相對流動機會（relative mobility chances）並沒有改變。也就是說，在這二十年間其循環流動（circulation mobility）並沒有改變，但是人們卻有向上流動（upward mobility）的情形；而且向上流動增加，

向下流動 (downward mobility) 減少。這個研究結果顯示美國這段期間社會流動機會的改變，並非是由於循環流動機會的增加，而是由於整個社會結構的改變所產生的向上流動。簡而言之，不管社會階層是何種型態，喀斯德制度也好，或是開放社會也好，即使其循環流動機會維持不變，但若其結構改變，即使是喀斯德制度也會引發社會流動的產生，此即是結構性社會流動。

另外，有些社會學家認爲向上流動機會將愈來愈減少，而向下流動會愈來愈增加。此之所以會如此，是因爲好的職位是有限的，但人口卻與日俱增， 因此向上升的機會便愈來愈低， 而向下流動便會增加。但是，這個看法，經由 Hauser 他們的研究，證明是錯誤的。他們發現美國社會雖然循環流動 (circulation mobility) 沒有增加，但是向上流動還是逐漸增加，而向下流動逐漸減少。爲什麼會如此呢？主要就是因爲結構的改變，使得更多的好的職位，被創造出來，而較低的職位，愈來愈少，因此，使得整個社會向上流動的比率大於向下流的比率。例如: 非技術性的工作愈來愈少，而專業人才的需求愈來愈多，此種情形，將增加結構性社會流動 。 Hauser (1975b)他們同時也認爲美國由農業社會逐漸進入工業社會，也帶來了很大的結構性改變，使得農業人口減少，迫使農業人口往工業社會發展。漸漸地，又由工業社會進入資訊社會， 此時服務業人才的需求愈來愈多， 例如: 電腦、財政金融的人才。因此，整個職業結構又往上提昇，社會流動也不斷地向上增加。所以，就這個意義而言，要促進社會的向上流動，即使循環流動維持不變，只要整個社會結構不斷地進步，它必會提供更多的向上流動的就業機會。

Abrahamson, Mizruchi 和 Hornung (1976)也指出同樣情形，他們認爲美國社會從1900年到1970年之間，白領階級 (White-collar)

增加最多，農人減少最多，而藍領階級 (Blue-collar) 很穩定，藍領階級之所以維持穩定是因為其技術工人增加， 而非技術工人減少之故。總括而言，美國社會由農業社會進入工業社會，再由工業社會進入服務業，由於整個職業結構的改變而引起了社會流動，農業人口及非技術工人逐漸減少，而技術工人及白領階級逐漸增加，因此使得美國的社會流動，卽使相對流動機會不變，仍然有相當高的向上流動。

二、結構性社會流動之型態

在上節裏，我們說明介紹了結構性社會流動之意義。然而，結構性社會流動，或者說社會結構對社會流動的影響或限制，到底呈現出那些型態呢？ 學者們(Hauser, et. al. , 1975a, 1975b; Simkus, 1984)認為主要有下列四種型態：

第一種型態稱之為「差異效果」(discrepancy effects)。此意指某一社會，其人們的出身(origin)與其成就，或終點站 (destination)的社會地位高低分布情形之差異而形成的社會流動。在其他情形不變之下，某一社會，如果出身的分布與終點站的分布之差異愈大，則社會流動勢必愈高。

第二種稱之為「集中效果」(concentration effects)。卽因人們的出身與其終點站分布集中於某一社會地位而對社會流動所形成的限制或影響。假如某一社會的人們之職業分布集中於某一行業，而其他行業的人們很少，則流動的可能性自然很有限。但是，假如某一社會各行各業的人們都有，而且分布的情形也很平均，則此社會提供給人們流動的機會自然相當大。此卽所謂的集中效果，其反面情形卽為平均效果 (evenness effects)。

第三種型態稱之爲「組合效果」(composition effects)。此意指因社會組合的改變而對社會流動的影響。例如，通常而言，正在工業化中的社會，其農業與非技術性的職業之分布和比重將愈來愈低，因此，增進了此社會的社會流動。這種影響，即稱之爲組合效果。

最後一種，即第四種型態稱之爲「層內組合效果」(within-stratum composition effects)，同一社會階層內的組合之改變也可使社會流動情形改變。例如「藍領階級」內部之間的流動，可能是由於藍領階級內的受教育之技術工人與低度教育的非技術教育工人之組合改變，而形成的流動，此種影響，稱之爲「層內組合效果」。

三、結構性社會流動之原因

最後，我們必須探討的是：導致結構性社會流動的原因是那些因素? 學者們 (Erikson et. al., 1982; McClendon, 1980a; 1980b; Grusky and Hauser, 1984) 提出來的因素，主要可分爲經濟因素與非經濟因素。

就經濟因素而言，經濟發展是導致結構性社會流動的主因。學者們認爲工業化與經濟發展造成結構性社會流動。此即所謂的 "工業主義論"(thesis of industrialism)。(Lipset and Zetterberg, 1959; Hauser and Featherman, 1977; Erickson, et. al., 1979; 1982; Hope, 1982)。工業主義論者認爲，經濟發展本身會引起理性化的一連串之過程，而後者將會削弱世襲性，即賦與性力量 (ascriptive forces) 對地位的影響。同時，由於經濟發展所帶來的交通與大眾傳播之拓展，也會降低社會流動的文化阻礙和父母對其子女職業的影響和控制。

就導致結構性社會流動的非經濟因素而言。政治機構和社會政策都會影響結構性社會流動。政治機構和社會政策不僅可以經由間接影響職業需求結構而影響結構性社會流動，而且，政治機構如果採行民主平等的社會政策，將可降低以階級為基礎的那些種種不平等。同時，也可促使以才用人的功績制度（meritocracy）之發展。另外，教育機會的增加和階級距離的縮短也被認為是影響結構性社會流動的非經濟性原因。教育機會的增加將使社會更具流動性，因為人們受教育，學習技能的機會將更平等，而且，全體國民將可由普遍受教育中建立起共同的價值體系，使妨礙社會流動的文化藩籬也隨著消失。另一方面，階級間社會經濟差距之縮小隱含社會菁英分子保持其優勢地位，以阻止向上或向下流動的情形將較為緩和，使社會更具機動性，更易於變化，因而將可促進結構性社會流動。

另外，在未開發國家中，這些經濟與非經濟因素對其本國的社會結構、社會流動與社會階層的影響，我們可以 Stavenhagen（1975）對非洲的著名研究，加以說明。

Stavenhagen（1975）指出，當非洲被捲入世界經濟體系之後，對它的社經結構產生深遠的改變。非洲傳統的自給自足經濟，最初被奴隸貿易所破壞，接著被現金交易穀物以及反應核心國家對勞力與物質的需求的包圍經濟所破壞。這種新社會力的形成和階級政治的演化如下：

第一、鄉村移民勞工的出現：殖民地政府帶來的貨幣經濟和貨幣稅務的建立，迫使愈來愈多的工人離開生存經濟區到資本主義區尋求工資性的勞工。

第二、現金交易穀物農人的出現：現金交易穀物耕作，是為殖民地政府所提倡的，在農業上，它變更了傳統的生產關係。生產的資本

家關係（諸如，工資勞工，資本的累積、銷售、抵押、以及貸款）擴張了。商業的現金交易穀物農夫的出現表示了在非洲的農業中，一個新社會力的升高。這些農夫能夠提高他們的財物並且因而獲得相當的經濟和政治權力。現金交易穀物是被外國人所鼓勵的。它藉著減低他們自己的投資需要並且同時保證他們能有很大的供應，以替尋找農業基本原料的外籍人士服務。此外，更由於生產國家競爭性的擴張，使現金交易穀物有時供應過剩，使得貿易情況變壞，並且使得這些國家受世界商品價格的漲跌循環所影響。

　　第三、包圍性的大農場經濟的建立：包圍性的大農場經濟是殖民政府所建立，或由外國公司直接經營。大農場的工作把勞工和其最初的生產工具分開。因此，大農場成爲農人階級發展的主要場所。

參 考 資 料

陳 寬 政

1980 「結構性社會流動影響機會分配的過程」，臺大人口學刊，
第 4 期，103-126 頁

Abrahamson, M. , E. H. Mizruchi, and C. A. Hornung

1976 *Stratification and Mobility.* New York: MacMillan
Publishing Co. , Ltd.

Erikson, Robert, John H. Goldthorpe and Lucienne Portocarero

1979 "Intergenerational class mobility in three Western
Eurpoean societies: England, France and Sweden."
British Journal of Sociology 30: 415-41.

1982 "Social fluidity in industrial nations: England, France,
and Sweden." *British Journal of Sociology* 33: 1-34.

Grusky, David B. and Robert M. Hauser

1984 "Comparative social mobility revisited: models of conv-
ergence and divergence in 16 countries." *American
Sociological Review* 49: 19-38.

Hauser, Robert M. , P. J. Dickinson, H. P. Travis and J. M.
Kofel

1975a "Temporal change in occupational mobility: evidence
for men in the United States." *American Sociological
Review* 40: 219-97.

1975b "Structural changes in occupational mobility among

men in the United States. " *American Sociological Review* 40: 585-98.

Hauser, Robert M. and David L. Featherman

1977 "Commonalities in social stratification and assumptions about status mobility in the United States. " pp. 3-50 in Robert M. Hauser and David L. Featherman (eds.), The Process of Stratification. New York: Academic Press.

Hope, Ketih

1982 "Vertical and nonvertical class mobility in three countries. " *American Sociological Review* 47: 100-113.

Lipset, Seymour M. and Hans L. Zetterberg

1959 "Social mobility in industrial societies. " pp. 11-75 in Seymour M. Lipset and Reinhard Bendix (eds.), *Social Mobility in Industrial Society.* Berkeley: University of California Press.

McClendon, McKee J.

1980a "Occupational mobility and economic development: A cross-national analysis. " *Sociological Focus.*

1980b "Structural and exchange components of occupational mobility: a cross-national analysis. " *Sociological Quarterly* 21: 493-509.

Simkus, Albert

1984 "Structural transformation and social mobility: Hungary 1938-1973. " *American Sociological Review* 49: 291-307.

Stavenhagen, R.

1975 *Social Classes in Agrarian Societies.* New York: Anchor Doubleday.

第十三章　臺灣社會流動之研究

一、前　言

　　臺灣近一、二十年來快速的經濟發展與社會變遷，引發了全面性的社會流動。作家筆下所謂的沒落的王孫貴族或是新興的商場新貴，就是在描述這種情形。 社會學者探討臺灣地區的社會流動， 起步較晚。此是由於資料的收集較費時間，不像作家一樣，可以憑自己強烈感受和直覺寫出自己的看法，再加上人才的不足，因此，我國的社會學者探討臺灣地區的社會流動，主要是在一九八〇年以後。不過，由於臺灣地區快速的社會變遷及其所帶來的社會流動，以及社會學者的逐漸增加，近年來研究臺灣社會流動的論文，也逐漸增多。本章將依照前面三章對社會流動的探討，從下列三方面介紹有關臺灣的社會流動之研究。卽（一）地位取得研究，（二）新結構論，以及（三）結構變遷和結構性社會流動。

二、地位取得研究

有關臺灣社會流動的經驗研究，首開其端者應是王湘雲 (Wang, 1980)在一九八〇年所發表的英文論文——「臺灣的社會流動」(Social Mobility in Taiwan)。此篇論文主要是以地位取得模型為重心，去探討臺灣社會父子兩代的代間流動 (intergenerational mobility) 之情形。其所採用的地位取得模型如下 (Wang, 1980: 4):

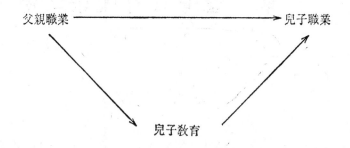

在資料方面，王湘雲是採用 Grichting (1971) 在一九七〇年所做的臺灣本島的家庭調查資料。所用的樣本總共有 1879 個。在變數測量方面，職業地位是以 Grichting 原先所做的職業分類轉換成 Treiman (1977) 的「標準國際職業聲望量表」(Standard International Occupational Prestige Scale) 上所對應的分數。而教育是依所受教育年數而分成七級。其主要的發現為：在臺灣社會，父親的職業地位對兒子的職業地位的直接影響相當低；父親的職業地位對兒子的職業地位的影響，有一大部份是透過對兒子的教育之影響而間接影響其職業地位。事實上，資料顯示，父親的職業地位對兒子的教育之影響，以及兒子的教育對兒子職業地位的影響都相當高。

另外，本書作者 (許嘉猷，1982) 也曾發表一篇論文，探討臺灣人民的地位取得情形。這篇文章主要是探討臺灣人民的出身，即家庭背景，對其成就的影響。因此，基本上仍是關於父子兩代的代間流動

之研究。在有關出身與成就的指標方面，作者是以兒子（第二代）的教育程度、職業地位和收入代表其本人的成就，而以其父親（第一代）的教育程度、職業地位和收入代表兒子本人的出身。因此，作者本人所採用的地位取得模型和就全部資料求得的路徑係數如下（許嘉猷，1982: 272）：

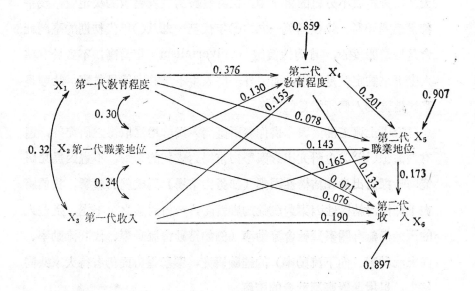

在資料方面，是利用行政院主計處於民國六十八年所做的「家庭收支暨個人所得分配調查」所收集的資料，共有樣本 11671 戶。在變數測量方面，教育程度是依實際所受的教育年數，從不識字到研究所畢業，共分八級；在職業地位方面，是依據主計處的職業分類，轉換成 Treiman 的「標準國際職業聲望量表」上所對應的分數；在收入方面的測量，是從主計處的調查資料內的收入直接而得。

另外，此研究的一大特色是依受訪者本人的從業身分（卽階級的運作指標）的不同而將資料分組，卽非農雇主、非農經理、非農自營

者、非農受雇者、農業自營者和農業受雇者。研究結果發現，不同從業身分組羣者，即不同階級者，其本人的出身對其成就有顯著的不同之影響。就整體而言，從業身分對收入的影響，遠超過職業地位；而且父親的教育程度對兒子收入的影響相當低，最重要的是此研究的結果顯示出，個人的社會經濟成就受其社會經濟出身的影響，並不是很大。在分組或不分組的組羣中，出身變數對成就變數的決定值，幾乎都沒超過30％。此蘊涵著一九六○年代至一九八○年代初期的臺灣社會是相當開放的，普同性價值（universalism）相當高，不致於有些人生下來註定就是富裕，而另外一些人生下來註定就是貧窮，此應是臺灣地區的人們所樂見的現象。

除了上述王湘雲與本書作者對臺灣人民的地位取得之研究外，還有瞿海源(1982)也研究出身與勞力市場對成就的影響，不過因為此研究同時探討出身和結構性因素（即勞力市場）對成就的影響。我們將在下節探討結構性因素對成就的影響時，一併討論之。不過，這些人的研究仍無有關臺灣社會流動率（例如總社會流動率、代間流動率、向上流動率、向下流動率）的經驗研究，顯示這方面仍有待大家共同努力，以增進對臺灣社會的瞭解。

三、新結構論之研究

瞿海源（1982）從勞力市場與地位取得研究的觀點出發，探討變遷中的臺灣社會裏，個人的出身與勞力市場對個人的成就之影響。此研究所用的資料，是由中研院民族所與政大民族社會系於 1972 年至1975年間，在臺灣十個社區實地訪問所收集的。此十個社區包括都市區、鄉鎮區、漢人區與山胞鄉區。總樣本人數接近二千個。此研究分

析了六個變項，即年齡、性別、父親的教育程度、母親的教育程度、受訪者本人的教育及職業。 在變項測量方面， 年齡是以實際年齡量之。教育程度分為七級，即沒受過正式教育、小學、國中與初職、高中與高職、專科、大學、以及研究所。 職業的測量也是依 Treiman 的「標準國際職業聲望量表」給予各個職位（例如店員、教授、木匠等）的職業聲望分數。

此研究發現，繼承性地位（ascribed status）（例如父母親的教育程度、 性別等） 在不同類型的社區裏， 與個人的教育有著不同的關係。但是， 父親教育與性別此繼承性地位對個人的教育成就之影響，有明顯的減低趨勢。 顯示出現代社會所強調的普同性價值 （universalism)得到部份的支持。此發現與上述許嘉猷（1982）的研究結果不謀而合。

另外，瞿海源（1982: 151）的研究也指出，若把樣本區分為都市初級勞力市場（primary labor market）、都市次級勞力市場（secondary labor market）與鄉村次級勞力市場，則教育與職業間的關係在後面兩個勞力市場是不存在的。 此 發 現支持了雙重市場理論之觀點，即職業成就的型態因勞力市場的不同而有所差異，在次級勞力市場中，教育往往不是影響職位的重要因素。

除了上述瞿海源的研究之外， 本書作者的一篇論文 （許嘉猷，1985）也從勞力市場分割理論之觀點，探討臺灣地區之組織結構特性及其對薪資的影響。此研究資料來自於本書作者與瞿海源先生合作的國科會計畫——「社會階層與勞力市場——紡織業與電子業之實證研究」。該計畫於民國七十一年共訪問了約六十家左右的紡織廠和電子廠。此研究就這批工廠的訪問資料中，有關工廠組織特性之變項，做因素分析，以探討些變項間之關係及其是否在共同測量某些組織結構

特性。 因素分析結果發現， 這些工廠組織特性可析離成三個主要因素，卽技術水準（包括產業型態、創辦時間、研究部門、員工教育程度等變項），家族色彩（包括有無外資、親族資本百分比、生產目標之決定等變項）， 以及企業規模（包括關係企業、 員工人數、 營業額、有無正式規章及有無加入工會等變項）。此三個因素代表工廠組織特性的三個主要層面。

就「家族色彩」， 此一因素所包括的變數組羣而言，可看出愈是家族色彩濃厚的企業，所雇用的員工人數較少，親族資本佔總資本額相當高，僑外資較少，生產目標之決定愈偏向集中化(centralized)，由老闆（董事長）獨自決定，或和少數幾個高級主管共同決定。就「技術水準」此一因素所包括的變數組羣而言，這些變數組羣顯示出：工廠設立時間愈晚者，愈有研究部門，員工教育程度較高，而且以電子業較多；反過來而言，與電子業相比，紡織工廠的創辦時間愈早，較無研究部門，而且員工教育程度較低。「企業規模」此一因素所包含的變數組羣顯示出： 員工人數愈多之工廠，其營業額愈高，愈有關係企業， 愈訂有正式規章， 卽愈正式化， 且員工加入工會的比例愈高；反之，員工人數愈少之工廠，其營業額愈少，較無正式規章，而且員工加入工會的比例愈低。

此外，為了探討這些結構性因素對個人成就的影響，本研究也就這些組織結構特性變項當中，選出八個變項，探討這些變項對個人薪資的影響。此八個變項分別是：產業型態、員工人數、有無外資、創辦時間、關係企業、家族企業、營業額、技工佔總工人之比率。此八個組織結構特性解釋各類職位的薪資之變異量，分別是：普通工人——35%，技術工人——10%，職員——29%，基層主管——40%，高層主管——50%，以及全部人員——43%。可見結構性因素，的確

影響「職位之不平等」，而且，對主管級的薪資之影響尤其高。其中，尤以營業額、關係企業、產業型態、與有無外資對員工的薪資之影響特別大。

四、結構變遷與結構性社會流動

近幾年來，有關臺灣社會變遷與結構性社會流動的經驗研究日漸增多。其中，以陳寬政（1982）的比較美國與臺灣的社會分化趨勢之研究，首開其始。在此篇論文裏，陳寬政認為社會學者對社會分化概念的意義，主要有二個不同含意，即功能分化（functional differentiation）與人口異質性（heterogeneity）。而此篇討論社會分化的研究，其重心偏向後者，即人口異質性；而以職業分化程度做為社會分化概念的運作指標。但是在實證分析臺灣的社會分化趨勢時，作者並沒有用臺灣的職業資料，加以分析，而是以臺灣人口的教育組成和生育年齡函數，做為社會分化的運作指標，實為一大遺憾。不過，作者本人利用臺灣 1949 年至 1979 年的人口統計資料，也指出了臺灣地區的人們，在教育與生育年齡方面的一些趨勢。教育方面，臺灣地區在戰後三十年間，高中以上教育程度的人口，佔年齡組人口的比重依時間順序逐年增加。在女性人口的生育年齡方面，則為生育年齡的急速趨向同質化，而非異質化。因此，如果以人口的教育組成與生育年齡函數，做為人口異質性的運作指標，則臺灣地區人口在教育組成與生育年齡方面的分化趨勢，正在逐年降低。

張維安與王德睦（1983）的研究，正好可以彌補上述陳寬政的論文中，所缺乏的有關臺灣職業結構變遷的研究。張、王二人，利用臺灣家庭計畫研究所的 KAP-V 調查資料，探討臺灣的社會流動、

職業和教育結構變遷、及其與婚配之關係。此項調查資料以臺灣地區二十至四十歲此人口年輪（cohort）之已婚且繼續生育之婦女為抽樣對象，所採用的樣本共有 1972 人（張維安與王德睦，1983：202）。

張、王的研究指出：在教育方面，代間流動相當明顯，教育機會結構顯著增加，下一代受教育的機會遠大於上一代，而家庭背景對下一代的教育仍有明顯的影響。在職業結構方面，就職機會結構也有改變。但是，此改變基本上為工作類型的轉變，而少有高職位的提供。因此，代間的流動多屬水平流動，而少垂直流動，而且家庭背景對此流動的影響仍然明顯。由於受高等教育機會的增加，但是高級職業機會的提供卻不夠，因此，使學以致用人盡其材的理想，仍難以達成，反而導致於人力資源的浪費。

此外，在婚配方面，由於同一階層內的婚配現象依然明顯，顯示出新思潮中提倡自由戀愛，揚棄媒妁之言的婚姻，並未使門當戶對的現象消失。此外，因婚配造成的垂直流動也因此就不明顯（張維安與王德睦，1983：211）。

蔡淑鈴（1984）的研究則繼續對臺灣的職業與教育結構變遷做更詳細的探討。蔡淑玲利用行政院主計處於民國七十一年所出版的「臺灣區勞動力調查統計資料」，以及臺灣省戶口普查處的三次普查資料（民國45年、55年以及69年）為其主要的資料，並且運用進步的統計技術，以剖析臺灣的職業地位結構及其變遷。她的研究的主要結論之一是農林漁牧等職業的逐年萎縮與生產職業的連續成長，是臺灣地區職業結構變遷最主要的特徵。而且，就勞力市場而言，男性就業人口一直是女性就業人口的二倍多。不過從民國57年開始，女性就業者逐年增加，一直到民國63年後，才稍微緩和下來。另外，被私人雇用之勞動者也逐年增加。到了民國67年以後，受雇於私人的勞動人口佔總

勞力市場的半數以上，成爲勞力市場的主力；同時，僱主的人數也逐年增加。與此相對的，則是自營作業者與無酬家屬的逐年減少。至於受僱於政府機關者之比例，則只有小幅度的變動。最後，就業人口的教育程度也有逐漸增高的趨勢。不識字與小學畢業者之比例愈來愈低，而初中、高中以及大專畢業之就業者愈來愈多（蔡淑鈴，1984: 25）。

張家銘與馬康莊（1985）的論文繼續上述陳寬政的社會分化的研究。和陳寬政一樣，他們也是以人口的異質性界定社會分化，並且以人口的行業及教育組成，做爲社會分化的運作指標。他們的資料來源，主要是內政部的臺灣歷年來的勞動力調查報告，以及教育部的「中華民國教育統計」等官方統計資料。他們的研究的主要結論之一是：「社會分化是促成結構性社會流動的主要原因，因爲產業結構的變遷，不但能提供大量的就業機會，同時也能促使職業機會的再分配」（張家銘與馬康莊，1985: 118）。另外，他們的研究認爲臺灣的社會經濟發展，已由農業經濟轉變爲以工業爲基礎的經濟，以及從強調初級產業到強調次級與三級產業。而且因爲服務部門逐漸擴大，顯示出臺灣已逐漸進入後工業時期的預備時期。（張家銘與馬康莊，1985: 119）。

由上述這些人的研究可以看出，這些人的研究主要是有關臺灣的結構變遷，尤其是職業、教育與人口結構之變遷。但由這些結構變遷所帶來的結構性社會流動率的改變之研究，仍然缺乏。顯示出臺灣的結構性社會流動之研究，仍待有興趣者共同努力。

參 考 資 料

許 嘉 猷

1982 「出身與成就：臺灣地區的實證研究」，社會科學整合論文集，265-299 頁。南港：中研院三民主義研究所。

1985 「組織結構之特性及其對薪資的影響：勞力市場分割理論的初步探討」，第四次社會科學會議論文，南港：中研院三民主義研究所。

張 家 銘、馬 康 莊

1985 「社會分化，社會流動與社會發展：臺灣地區的實證研究」，中國社會學刊，第 9 期，99-122頁。

張 維 安、王 德 睦

1983 「社會流動與選擇性婚姻」，中國社會學刊，第 7 期，191-214頁。

蔡 淑 鈴

1984 「職業地位結構：臺灣地區的變遷研究」，臺灣社會與文化變遷研討會論文。南港：中研院民族學研究所。

陳 寬 政

1982 「社會分化趨勢之比較：美國與臺灣」，比較社會學：中美社會之比較研討會論文集，117-135 頁。南港：中研院美國文化研究所。

瞿 海 源

1982 「勞力市場與出身對成就之影響」，中央研究院民族學研究所集刊，第53期，133-153頁。

Grichting, Wolfgang L.

1971　*The Value System on Taiwan*, 1970. Taipei: Privately
　　　Printed.

Treiman, D. J.

1977　*Occupational Prestige in Comparative Perspective.*
　　　New York: Academic Press.

Wang, Charlottes S. Y.

1980　"Social mobility in Taiwan." *Papers in Social Sciences*,
　　　No. 80-3. Institute of Three Principles of the People,
　　　Academia Sinica.

三民大學用書 (十)

書　　　　　名	著作人	任　　　職
近 代 中 國 的 成 立	姚　大　中	東 吳 大 學
近 代 中 日 關 係 史	林　明　德	師 範 大 學
西 洋 現 代 史	李　邁　先	臺 灣 大 學
英 國 史 綱	許　介　鱗	臺 灣 大 學
印 度 史	吳　俊　才	政 治 大 學
美 洲 地 理	林　鈞　祥	師 範 大 學
非 洲 地 理	劉　鴻　喜	師 範 大 學
自 然 地 理 學	劉　鴻　喜	師 範 大 學
聚 落 地 理 學	胡　振　洲	中 國 海 專
海 事 地 理 學	胡　振　洲	中 國 海 專
經 濟 地 理	陳　伯　中	臺 灣 大 學
都 市 地 理 學	陳　伯　中	臺 灣 大 學
修 辭 學	黃　慶　萱	師 範 大 學
中 國 文 學 概 論	尹　雪　曼	中 國 文 化 大 學
新 編 中 國 哲 學 史	勞　思　光	香 港 中 文 大 學
中 國 哲 學 史	周　世　輔	政 治 大 學
中 國 哲 學 發 展 史	吳　　怡	美 國 舊 金 山 亞 洲 研 究 所
西 洋 哲 學 史	傅　偉　勳	美 國 賓 夕 法 尼 亞 大 學
西 洋 哲 學 史 話	鄔　昆　如	臺 灣 大 學
邏 輯	林　正　弘	臺 灣 大 學
邏 輯	林　玉　體	師 範 大 學
符 號 邏 輯 導 論	何　秀　煌	香 港 中 文 大 學
人 生 哲 學	黎　建　球	輔 仁 大 學
思 想 方 法 導 論	何　秀　煌	香 港 中 文 大 學
如 何 寫 學 術 論 文	宋　楚　瑜	臺 灣 大 學
論 文 寫 作 研 究	段家鋒 孫正豐 等人 張世賢	各 大 學
語 言 學 概 論	謝　國　平	師 範 大 學
奇 妙 的 聲 音	鄭　秀　玲	師 範 大 學
美 學	田　曼　詩	中 國 文 化 大 學
植 物 生 理 學	陳 昇 明 譯	中 興 大 學
建 築 結 構 與 造 型	鄭　茂　川	中 興 大 學

書　　　　　　名	著　作　人	任　　　　　職
微 電 腦 基 本 原 理	杜　德　煒	美 國 矽 技 術 公 司
微 電 腦 操 作 系 統	杜　德　煒	美 國 矽 技 術 公 司
微 電 腦 高 層 語 言	杜　德　煒	美 國 矽 技 術 公 司
單 晶 片 微 電 腦	杜　德　煒	美 國 矽 技 術 公 司
十 六 數 元 微 處 理 機	杜　德　煒	美 國 矽 技 術 公 司
8088 微 處 理 機	杜　德　煒	美 國 矽 技 術 公 司
微 處 理 系 統 設 計	許德慇 周勝郎 編譯	工 研 院 電 子 所
微電腦軟體與硬體實驗	林昇昌 耀居 陳	交　通　大　學
數 位 邏 輯 實 驗	林昇昌 耀居 陳	交　通　大　學
Z 80 族 原 理 與 應 用	杜　德　煒	美 國 矽 技 術 公 司
Z 80 組 合 語 言 入 門	杜　德　煒	美 國 矽 技 術 公 司
8080/8085 原 理 與 應 用	杜　德　煒	美 國 矽 技 術 公 司
8080/8085 組 合 語 言 程 式 規 劃	杜　德　煒	美 國 矽 技 術 公 司
APPLE II 6502 組 合 語 言 與 LISA	劉　振　漢	交　通　大　學
IBM 個 人 電 腦 入 門	杜德煒 杜經文	美 國 矽 技 術 公 司 美 國 國 家 標 準 局
IBM個人電腦基本操作 與使用	杜德煒 杜經文	美 國 矽 技 術 公 司 美 國 國 家 標 準 局
IBM 個 人 電 腦 BASIC 語 言 應 用 大 全	杜　德　煒	美 國 矽 技 術 公 司
（IBM PC ）入 門 手 册	劉振漢 何金瑞	交　通　大　學
(IBM PC) BASIC 手 册	劉振漢 莊艷珠	交　通　大　學
（IBM PC ） 電 腦 繪 圖	劉振漢 莊艷珠	交　通　大　學
(IBM PC)電腦繪圖續篇	劉振漢 莊艷珠	交　通　大　學
(IBM PC) DOS 系 統	劉　振　漢	交　通　大　學
中 國 通 史	林 瑞 翰	臺　灣　大　學
中 國 現 代 史	李 守 孔	臺　灣　大　學
中 國 近 代 史	李 守 孔	臺　灣　大　學
中 國 近 代 史	李 雲 漢	政　治　大　學
黃 河 文 明 之 光	姚 大 中	東　吳　大　學
古 代 北 西 中 國	姚 大 中	東　吳　大　學
南 方 的 奮 起	姚 大 中	東　吳　大　學
中 國 世 界 的 全 盛	姚 大 中	東　吳　大　學

三民大學用書(八)

書　　　名	著作人	任　　職
成　本　會　計	戚禮約	政治大學
政　府　會　計	李增榮	政治大學
政　府　會　計	張鴻春	臺灣大學
中　級　會　計　學	洪國賜	淡水工商
商　業　銀　行　實　務	解宏賓	中興大學
財　務　報　表　分　析	李祖培	中興大學
財　務　報　表　分　析	洪國賜　盧聯生	淡水工商　輔仁大學
審　　計　　學	殷文俊　金世朋	政治大學
投　　資　　學	龔平邦	逢甲大學
財　務　管　理	張春雄	政治大學
財　務　管　理	黃柱權	政治大學
公　司　理　財	黃柱權	政治大學
公　司　理　財	劉佐人	前中興大學教授
統　　計　　學	柴松林	政治大學
統　　計　　學	劉南溟	前臺灣大學教授
統　　計　　學	張浩鈞	臺灣大學
推　理　統　計　學	張碧波	銘傳商專
商　用　統　計　學	顏月珠	臺灣大學
商　用　統　計　學	劉一忠	美國舊金山州立大學
應　用　數　理　統　計　學	顏月珠	臺灣大學
計　算　機　概　論	何鈺威	IBM電腦公司系統工程師
電　腦　總　論	杜德煒	美國矽技術公司
PRIME 計　算　機	劉振漢	交通大學
PRIME 計算機總論	林柏青	美國 AOCI 電腦公司
資　料　處　理	黃景仁　黃彰宏	交通大學
企　業　資　訊　系　統　設　計	劉振漢	交通大學
管　理　資　訊　系　統	郭崑謨　林泉源	中興大學
BASIC 程　式　語　言	劉振漢　何鈺威	交通大學　IBM電腦公司
FORTRAN 程式語言	劉振漢	交通大學
COBOL 程式語言	許桂敏	工業技術學院
COBOL 技巧化設計	林柏青	美國 AOCI 電腦公司
PDP-11 組合語言	劉振漢	交通大學
RPG II 程式語言	葉民松	臺中商專
PASCAL 標準語言	杜德煒	美國矽技術公司
微　算　機　原　理	王小川　曾憲章	清華大學

書　　　　　名	著 作 人	任　　　職
財 政 學 原 理	魏 萼	臺 灣 大 學
國 際 貿 易	李 穎 吾	臺 灣 大 學
國 際 貿 易 實 務	張 錦 源	中 央 信 託 局 貿 易 處 經 理
國 際 貿 易 理 論 與 政 策	歐陽勛 黃仁德	政 治 大 學
貿 易 契 約 理 論 與 實 務	張 錦 源	中 央 信 託 局 貿 易 處 經 理
貿 易 英 文 實 務	張 錦 源	中 央 信 託 局 貿 易 處 經 理
海 關 實 務	張 俊 雄	淡 江 大 學
貿 易 貨 物 保 險	周 詠 棠	中 央 信 託 局
國 際 滙 兌	林 邦 充	政 治 大 學
信 用 狀 理 論 與 實 務	蕭 啓 賢	輔 仁 大 學
美 國 之 外 滙 市 場	于 政 長	東 吳 大 學
外 匯 、 貿 易 辭 典	于 政 長	東 吳 大 學
國 際 商 品 買 賣 契 約 法	鄧 越 今	前 外 貿 協 會 處 長
保 險 學	湯 俊 湘	中 興 大 學
人 壽 保 險 學	宋 明 哲	德 明 商 專
人 壽 保 險 的 理 論 與 實 務	陳 雲 中	臺 灣 大 學
火 災 保 險 及 海 上 保 險	吳 榮 清	中 國 文 化 大 學
商 用 英 文	程 振 粤	臺 灣 大 學
商 用 英 文	張 錦 源	中 央 信 託 局 貿 易 處 經 理
國 際 行 銷 管 理	許 士 軍	新 加 坡 大 學
市 場 學	王 德 馨	中 興 大 學
線 性 代 數	謝 志 雄	東 吳 大 學
商 用 數 學	薛 昭 雄	政 治 大 學
商 用 數 學	楊 維 哲	臺 灣 大 學
商 用 微 積 分	何 典 恭	淡 水 工 商
微 積 分	楊 維 哲	臺 灣 大 學
微 積 分 (上)	楊 維 哲	臺 灣 大 學
微 積 分 (下)	楊 維 哲	臺 灣 大 學
大 二 微 積 分	楊 維 哲	臺 灣 大 學
機 率 導 論	戴 久 永	交 通 大 學
銀 行 會 計	李兆萱 金桐林	臺 灣 大 學
會 計 學	幸 世 間	臺 灣 大 學
會 計 學	謝 尚 經	專 業 會 計 師
會 計 學	蔣 友 文	臺 灣 大 學
成 本 會 計	洪 國 賜	淡 水 工 商

三民大學用書(六)

書　　　名	著作人	任　　　職
評　論　寫　作	程　之　行	約紐日報總編輯
廣　告　學	顏　伯　勤	輔　仁　大　學
中國新聞傳播史	賴　光　臨	政　治　大　學
世　界　新　聞　史	李　　瞻	政　治　大　學
新　　聞　　學	李　　瞻	政　治　大　學
媒　介　實　務	趙　俊　邁	中　國　文　化　大　學
電　視　新　聞	張　　勤	中　視　新　聞　部
電　視　制　度	李　　瞻	政　治　大　學
新　聞　道　德	李　　瞻	政　治　大　學
數理經濟分析	林　大　侯	臺　灣　大　學
計量經濟學導論	林　華　德	臺　灣　大　學
經　　濟　　學	陸　民　仁	政　治　大　學
經　濟　學　原　理	歐　陽　勛	政　治　大　學
經　濟　學　導　論	徐　育　珠	美國南康涅狄克州立大學
經　濟　政　策	湯　俊　湘	中　興　大　學
比　較　經　濟　制　度	孫　殿　柏	政　治　大　學
總　體　經　濟　學	鐘　甦　生	西雅圖銀行臺北分行協理
總　體　經　濟　理　論	孫　　震	臺　灣　大　學
總　體　經　濟　分　析	趙　鳳　培	政　治　大　學
個　體　經　濟　學	劉　盛　男	臺　北　商　專
合　作　經　濟　概　論	尹　樹　生	中　興　大　學
農　業　經　濟　學	尹　樹　生	中　興　大　學
西　洋　經　濟　思　想　史	林　鐘　雄	臺　灣　大　學
凱　因　斯　經　濟　學	趙　鳳　培	政　治　大　學
工　程　經　濟	陳　寬　仁	中　正　理　工　學　院
國　際　經　濟　學	白　俊　男	東　吳　大　學
國　際　經　濟　學	黃　智　輝	中　國　文　化　大　學
貨　幣　銀　行　學	白　俊　男	東　吳　大　學
貨　幣　銀　行　學	何　偉　成	中　正　理　工　學　院
貨　幣　銀　行　學	楊　樹　森	中　國　文　化　大　學
貨　幣　銀　行　學	李　穎　吾	臺　灣　大　學
貨　幣　銀　行　學	趙　鳳　培	政　治　大　學
商　業　銀　行　實　務	解　宏　賓	中　興　大　學
現　代　國　際　金　融	柳　復　起	淡　江　大　學
國際金融理論與制度	歐陽勛 黃仁德	政　治　大　學
財　政　學	李　厚　高	逢　甲　大　學
財　政　學	林　華　德	臺　灣　大　學

書　　　　名	著　作　人	任　　　　職
中　等　教　育	司　　琦	政　治　大　學
中 國 體 育 發 展 史	吳　文　忠	師　範　大　學
中國大學教育發展史	伍　振　鷟	師　範　大　學
中國職業教育發展史	周　談　輝	師　範　大　學
技術職業教育行政與視導	張　天　津	師　範　大　學
技 職 教 育 測 量 與 評 鑑	李　大　偉	師　範　大　學
技 術 職 業 教 育 教 學 法	陳　昭　雄	師　範　大　學
技 術 職 業 教 育 辭 典	楊　朝　祥	師　範　大　學
高 科 技 與 技 職 教 育	楊　啓　棟	師　範　大　學
工 業 職 業 技 術 教 育	陳　昭　雄	師　範　大　學
職 業 教 育 師 資 培 育	周　談　輝	師　範　大　學
技術職業教育理論與實務	楊　朝　祥	師　範　大　學
心　　理　　學	張　春　興 楊　國　樞	師　範　大　學 臺　灣　大　學
心　　理　　學	劉　安　彥	美國傑克遜州立大學
人 事 心 理 學	黃　天　中	淡　江　大　學
人 事 心 理 學	傅　肅　良	中　興　大　學
社 會 心 理 學	張　華　葆	東　海　大　學
社 會 心 理 學	劉　安　彥	美國傑克遜州立大學
新 聞 英 文 寫 作	朱　耀　龍	中 國 文 化 大 學
新 聞 傳 播 法 規	張　宗　棟	中 國 文 化 大 學
傳　播　原　理	方　蘭　生	中 國 文 化 大 學
傳 播 研 究 方 法 總 論	楊　孝　濚	東　吳　大　學
大 衆 傳 播 理 論	李　金　銓	美國明尼蘇達大學
大 衆 傳 播 新 論	李　茂　政	政　治　大　學
大 衆 傳 播 與 社 會 變 遷	陳　世　敏	政　治　大　學
行 爲 科 學 與 管 理	徐　木　蘭	交　通　大　學
國　際　傳　播	李　　瞻	政　治　大　學
組　織　傳　播	鄭　瑞　城	政　治　大　學
政 治 傳 播 學	祝　基　瀅	美國加利福尼亞州立大學
文 化 與 傳 播	汪　　琪	政　治　大　學
廣 播 與 電 視	何　貽　謀	政　治　大　學
廣 播 原 理 與 製 作	于　洪　海	輔　仁　大　學
電 影 原 理 與 製 作	梅　長　齡	前中國文化大學教授
新 聞 學 與 大 衆 傳 播 學	鄭　貞　銘	中 國 文 化 大 學
新 聞 採 訪 與 編 輯	鄭　貞　銘	中 國 文 化 大 學
新 聞 編 輯 學	徐　　昶	臺　灣　新　生　報
採 訪 寫 作	歐　陽　醇	師　範　大　學

三民大學用書 (四)

書　　　　名	著　作　人	任　　職
社　會　學	張華葆主編	東　海　大　學
西洋社會思想史	龍冠海 張承漢	前臺灣大學教授 臺　灣　大　學
中國社會思想史	張　承　漢	臺　灣　大　學
都市社會學理論與應用	龍　冠　海	前臺灣大學教授
社　會　學　理　論	蔡　文　輝	美國印第安那大學
社　會　學　理　論	陳　秉　璋	政　治　大　學
社　會　變　遷	蔡　文　輝	美國印第安那大學
社　會　福　利　行　政	白　秀　雄	政　治　大　學
勞　工　問　題	陳　國　鈞	中　興　大　學
社會政策與社會立法	陳　國　鈞	中　興　大　學
社　會　工　作	白　秀　雄	政　治　大　學
團　體　工　作	林　萬　億	臺　灣　大　學
文　化　人　類　學	陳　國　鈞	中　興　大　學
政　治　社　會　學	陳　秉　璋	政　治　大　學
醫　療　社　會　學	藍采風 廖榮利	印第安那中央大學 臺　灣　大　學
人　口　遷　移	廖　正　宏	臺　灣　大　學
社　區　原　理	蔡　宏　進	臺　灣　大　學
人　口　教　育	孫　得　雄	東　海　大　學
普　通　教　學　法	方　炳　林	前師範大學教授
各　國　教　育　制　度	雷　國　鼎	師　範　大　學
教　育　行　政　學	林　文　達	政　治　大　學
教　育　行　政　原　理	黃昆輝主譯	師　範　大　學
教　育　社　會　學	陳　奎　憙	師　範　大　學
教　育　心　理　學	胡　秉　正	政　治　大　學
教　育　心　理　學	溫　世　頌	美國傑克遜州立大學
教　育　哲　學	賈　馥　茗	師　範　大　學
教　育　哲　學	葉　學　志	國立臺灣教育學院
教　育　經　濟　學	蓋　浙　生	師　範　大　學
教　育　經　濟　學	林　文　達	政　治　大　學
工　業　教　育　學	袁　立　錕	國立臺灣教育學院
家　庭　教　育	張　振　宇	淡　江　大　學
當　代　教　育　思　潮	徐　南　號	師　範　大　學
比　較　國　民　教　育	雷　國　鼎	師　範　大　學
中　國　教　育　史	胡　美　琦	中　國　文　化　大　學
中國國民教育發展史	司　　　琦	政　治　大　學
中　國　現　代　教　育　史	鄭　世　興	師　範　大　學
社　會　教　育　新　論	李　建　興	師　範　大　學

三民大學用書 (三)

書　　　名	著　作　人	任　　　職
中美早期外交史	李　定　一	政　治　大　學
現代西洋外交史	楊　逢　泰	政　治　大　學
各 國 人 事 制 度	傅　肅　良	中 興 大 學 教 授
行　　政　　學	左　潞　生	前中興大學教授
行　　政　　學	張　潤　書	政　治　大　學
行 政 學 新 論	張　金　鑑	政　治　大　學
行　　政　　法	林　紀　東	臺　灣　大　學
行政法之基礎理論	城　仲　模	中　興　大　學
交　通　行　政	劉　承　漢	交　通　大　學
土　地　政　策	王　文　甲	前中興大學教授
行 政 管 理 學	傅　肅　良	中　興　大　學
現 代 管 理 學	龔　平　邦	逢　甲　大　學
現 代 企 業 管 理	龔　平　邦	逢　甲　大　學
現 代 生 產 管 理 學	劉　一　忠	美國舊金山州立大學
生　產　管　理	劉　漢　容	成　功　大　學
企　業　政　策	陳　光　華	交　通　大　學
行　銷　管　理	郭　崑　謨	中　興　大　學
國 際 企 業 論	李　蘭　甫	香 港 中 文 大 學
企　業　管　理	蔣　靜　一	逢　甲　大　學
企　業　管　理	陳　定　國	臺　灣　大　學
企　業　概　論	陳　定　國	臺　灣　大　學
企 業 組 織 與 管 理	盧　宗　漢	中　興　大　學
組 織 行 為 管 理	龔　平　邦	逢　甲　大　學
行 為 科 學 概 論	龔　平　邦	逢　甲　大　學
組　織　原　理	彭　文　賢	中　興　大　學
管 理 新 論	謝　長　宏	交　通　大　學
管 理 概 論	郭　崑　謨	中　興　大　學
管 理 心 理 學	湯　淑　貞	成　功　大　學
管 理 數 學	謝　志　雄	東　吳　大　學
人　事　管　理	傅　肅　良	中　興　大　學
考　銓　制　度	傅　肅　良	中　興　大　學
作　業　研　究	林　照　雄	輔　仁　大　學
作　業　研　究	楊　超　然	臺　灣　大　學
作　業　研　究	劉　一　忠	美國舊金山州立大學
系　統　分　析	陳　　進	美 國 聖 瑪 麗 大 學
社 會 科 學 概 論	薩　孟　武	前臺灣大學教授
社　　會　　學	龍　冠　海	前臺灣大學教授
社　　會　　學	蔡　文　輝	美國印第安那大學

三民大學用書 (二)

書　　　　　名	著作人	任　　　　職
海 商 法 論	梁 宇 賢	中 興 大 學
保 險 法 論	鄭 玉 波	臺 灣 大 學
商 事 法 論	張 國 鍵	臺 灣 大 學
商 事 法 要 論	梁 宇 賢	中 興 大 學
合 作 社 法 論	李 錫 勛	政 治 大 學
刑 法 總 論	蔡 墩 銘	臺 灣 大 學
刑 法 各 論	蔡 墩 銘	臺 灣 大 學
刑 法 特 論	林 山 田	政 治 大 學
刑 事 訴 訟 法 論	胡 開 誠	臺 灣 大 學
刑 事 訴 訟 法 論	黃 東 熊	中 興 大 學
刑 事 政 策	張 甘 妹	臺 灣 大 學
民 事 訴 訟 法 釋 義	石志泉 楊建華	輔 仁 大 學
強 制 執 行 法 實 用	汪 禕 成	前臺灣大學教授
監 獄 學	林 紀 東	臺 灣 大 學
現 代 國 際 法	丘 宏 達	美國馬利蘭大學
現代國際法基本文件	丘 宏 達	美國馬利蘭大學
平 時 國 際 法	蘇 義 雄	中 興 大 學
國 際 私 法	劉 甲 一	臺 灣 大 學
引 渡 之 理 論 與 實 踐	陳 榮 傑	外 交 部 條 約 司
破 產 法 論	陳 計 男	東 吳 大 學
破 產 法	陳 榮 宗	臺 灣 大 學
國 際 私 法 新 論	梅 仲 協	前臺灣大學教授
中 國 政 治 思 想 史	薩 孟 武	前臺灣大學教授
西 洋 政 治 思 想 史	薩 孟 武	前臺灣大學教授
西 洋 政 治 思 想 史	張 金 鑑	政 治 大 學
中 國 政 治 制 度 史	張 金 鑑	政 治 大 學
政 治 學	曹 伯 森	陸 軍 官 校
政 治 學	鄒 文 海	前政治大學教授
政 治 學	薩 孟 武	前臺灣大學教授
政 治 學	呂 亞 力	臺 灣 大 學
政 治 學 概 論	張 金 鑑	政 治 大 學
政 治 學 方 法 論	呂 亞 力	臺 灣 大 學
政 治 理 論 與 研 究 方 法	易 君 博	政 治 大 學
公 共 政 策 概 論	朱 志 宏	臺 灣 大 學
中 國 社 會 政 治 史	薩 孟 武	前臺灣大學教授
歐 洲 各 國 政 府	張 金 鑑	政 治 大 學
美 國 政 府	張 金 鑑	政 治 大 學

三民大學用書 (一)

書　　　　名	著　作　人	任　　　　職
比　　較　　主　　義	張　亞　澐	政　治　大　學
國　父　思　想　新　論	周　世　輔	政　治　大　學
國　父　思　想　要　義	周　世　輔	政　治　大　學
國　父　思　想	周　世　輔	政　治　大　學
國　父　思　想	涂　子　麟	中　山　大　學
中　國　憲　法　新　論	薩　孟　武	前臺灣大學教授
中　華　民　國　憲　法　論	管　　歐	東　吳　大　學
中華民國憲法逐條釋義 (一)(二)(三)(四)	林　紀　東	臺　灣　大　學
比　　較　　憲　　法	鄒　文　海	前政治大學教授
比　　較　　憲　　法	曾　繁　康	臺　灣　大　學
美　國　憲　法　與　憲　政	荊　知　仁	政　治　大　學
比　較　監　察　制　度	陶　百　川	前總統府國策顧問
國　家　賠　償　法	劉　春　堂	輔　仁　大　學
中　國　法　制　史	戴　炎　輝	臺　灣　大　學
法　　學　　緒　　論	鄭　玉　波	臺　灣　大　學
法　　學　　緒　　論	蔡　蔭　恩	前中興大學教授
法　　學　　緒　　論	孫　致　中	各　大　專　院　校
民　法　概　要	董　世　芳	實　踐　家　專
民　法　概　要	鄭　玉　波	臺　灣　大　學
民　法　總　則	鄭　玉　波	臺　灣　大　學
民　法　總　則	何　孝　元	前中興大學教授
民　法　債　編　總　論	鄭　玉　波	臺　灣　大　學
民　法　債　編　總　論	何　孝　元	前中興大學教授
民　法　物　權	鄭　玉　波	臺　灣　大　學
判　解　民　法　物　權	劉　春　堂	輔　仁　大　學
判　解　民　法　總　則	劉　春　堂	輔　仁　大　學
判　解　民　法　債　篇　通　則	劉　春　堂	輔　仁　大　學
民　法　親　屬	陳　棋　炎	臺　灣　大　學
民　法　繼　承	陳　棋　炎	臺　灣　大　學
公　　司　　法	鄭　玉　波	臺　灣　大　學
公　　司　　法　　論	柯　芳　枝	臺　灣　大　學
公　　司　　法　　論	梁　宇　賢	中　興　大　學
土　地　法　釋　論	焦　祖　涵	東　吳　大　學
土　地　登　記　之　理　論　與　實　務	焦　祖　涵	東　吳　大　學
票　　據　　法	鄭　玉　波	臺　灣　大　學
海　　商　　法	鄭　玉　波	臺　灣　大　學